IMA MANAGEMENT ACCOUN

· 管理会计能力

数字化
绩效管理

业财融合的绩效管理应用实战

孔令戟　李宁宁◎著

人民邮电出版社

北　京

图书在版编目（CIP）数据

数字化绩效管理 ：业财融合的绩效管理应用实战 / 孔令戟，李宁宁著. -- 北京 ：人民邮电出版社，2025. （管理会计能力提升与企业高质量发展系列）. -- ISBN 978-7-115-67715-0

Ⅰ. F272.5

中国国家版本馆 CIP 数据核字第 20256ND979 号

内 容 提 要

　　本书以业财融合为基础，以数字化技术融入企业绩效管理为方向，以企业绩效管理的价值评价体系、目标管理体系、决策支撑体系、责任体系为框架，以不同业态、不同规模、不同类型的企业案例为核心，为读者提供企业绩效管理理论与实战的讲解，促进企业绩效管理数字化转型升级。

　　本书适合企业绩效、预算、经营分析部门的管理者及一线工作人员阅读，也适合咨询公司中负责企业绩效管理业务的咨询顾问阅读，还适合高校相关专业的师生作为教材使用。

◆ 著　　　　孔令戟　李宁宁
　　责任编辑　刘　姿
　　责任印制　彭志环

◆ 人民邮电出版社出版发行　　北京市丰台区成寿寺路 11 号
　　邮编　100164　电子邮件　315@ptpress.com.cn
　　网址　https://www.ptpress.com.cn
　　三河市中晟雅豪印务有限公司印刷

◆ 开本：700×1000　1/16
　　印张：15　　　　　　　　2025 年 10 月第 1 版
　　字数：215 千字　　　　　2025 年 10 月河北第 1 次印刷

定价：89.80 元

读者服务热线：(010)81055296　印装质量热线：(010)81055316
反盗版热线：(010)81055315

序

▼

▼

　　管理会计师对于企业的财务健康至关重要，他们不仅是价值的守护者，更是价值的创造者。随着企业可持续发展管理实践的深入推进，企业无论处于哪一行业、无论规模大小，都应把关注重点放在企业宗旨、环境保护和经营利润上，以期为各方利益相关者创造更大的价值。与此同时，在不断发展的数字化时代，企业要求管理会计师在战略规划、创新、可持续发展和风险管理等方面发挥的作用越来越大。因此，管理会计师亟须提升自身的能力素质，为未来发展做好准备。

　　《IMA管理会计能力素质框架》是IMA管理会计师协会基于市场和行业趋势变化，经过深入研究和全面分析管理会计行业所面临的挑战，围绕管理会计师所必备的能力素质提出的指导性实用体系，不仅有助于个人提升职业竞争力，还能帮助组织全面评估、培养和管理财会人员队伍。IMA管理会计师协会此次与人民邮电出版社合作，正是基于这一框架及中国本土实践，开发了管理会计能力提升与企业高质量发展系列书，对数字化时代下管理会计师所需的知识与技能进行了详细讲解。管理会计能力提升与企业高质量发展系列书截至目前共被策划了两期。第一期出版后受到业界的广泛认可；第二期在总结第一期图书出版经验的基础上，在内容方面，更侧重于企事业单位实务案例分析和实务操作指引。各类企业，无论是国有企业、民营企业还是跨国企业，其管理者和财会人员都能从管理会计能力提升与企业高质量发展系列书中直接获益。

　　管理会计能力提升与企业高质量发展系列书的作者既包括在管理会计领域深耕多年的高校财会专业教授，又包括实战经验丰富的企业财务负责人与机构精英。同时，IMA 管理会计师协会还诚邀多位知名企业财务高管担任实务界编委，为图书策划和写作提供真知灼见。在此，我谨代表 IMA 向该系列书的作者、实务界编委、人民邮电出版社的编辑以及 IMA 项目团队的成员表示感谢！我们希望通过该系列书的出版及相关宣传活动，大力推动中国管理会计实践的发展，助力中国经济高质量发展！

IMA 管理会计师协会总裁兼首席执行官

迈克·德普里斯科

在学习和实践中提升管理会计能力

中国管理会计理论和实践自 2014 年以来进入快速发展时期，各种管理会计工具、方法在微观层面（企事业单位）的应用，正在日益加速、拓宽和深入，在企业数字化转型升级、全社会高质量发展进程中发挥着重要作用。

当今社会信息技术迅猛发展，会计职业在互联网、大数据、人工智能等新技术业态的推动和加持下，在信息采集、核算循环、数据存储、整合表达等方面持续发生变革，这些变革也让管理会计在企业被广泛运用和助力企业价值创造上奠定了更坚实的基础，提供了更有效的管理和决策支持。

随着《财政部关于全面推进管理会计体系建设的指导意见》及《管理会计应用指引》等一系列规范指南的陆续出台，管理会计人才培养体系的建设和管理会计的应用推广受到了各界高度重视。从目前中国管理会计发展情况来看，管理会计师作为会计领域的中高端人才，在企事业单位仍存在巨大缺口，庞大的会计人员队伍面临关键职能转型压力——从核算型会计转向管理型会计。

IMA 管理会计师协会于 2016 年发布的《IMA 管理会计能力素质框

架》，在管理会计领域广受好评，被视为权威、科学、完整的技能评估、职业发展和人才管理标准，为中国及其他国家管理会计能力培养体系的构建提供了重要参考。

为促进中国管理会计体系建设，加强管理会计国际交流与合作，实现取长补短、融会贯通，IMA 管理会计师协会与人民邮电出版社共同策划、启动管理会计能力提升与企业高质量发展系列书项目。本系列书以《IMA 管理会计能力素质框架》为基础，结合中国管理会计实际发展需求，以管理会计队伍能力提升为目标，以企业管理需求为导向，同时兼顾会计专业教育和研究。

本系列书分为两期建设，内容涉及管理会计从业人员工作中需要的各项能力，力求理论与实务兼备，既有经典的理论知识阐述，也有实务工作中常见问题的解决方法，可帮助管理会计从业人员学习和提升自身各项能力，为积极转型的财务人员提供科学的学习路径。

在作者遴选方面，本系列书充分体现了学术界和实务界合作的特点。作者均在管理会计领域深耕多年，既有理论知识深厚、指导经验丰富的高校资深教授，又有紧贴一线前沿、实战经验丰富的企业财务负责人与机构精英。他们合力打造出体系完整、贴近实务的管理会计能力提升新形态图书，以期推动企业管理会计人才建设，促进企业提质增效。

作为管理会计能力提升新形态专业读物，本系列书具备以下三大特点。

第一，理论与实务兼备。将经典的管理会计理论与企业财务管理、经营发展相结合，内容均从实践中来，又回归到实践中去，力求让读者对自身工作有所得、有所悟，从而提升工作水平。

第二，体系完备。以《IMA 管理会计能力素质框架》为基础，每部图书的内容都对应着管理会计必备的专项能力，可以让读者体系化地学习管理会计各项知识、培养各项能力，科学地实现自我提升。

第三，形态新颖。大部分图书配有微视频课程，这些课程均由作者精心制作，有助于读者获得立体化的阅读体验，更好地理解图书中的重难点内容。

　　天下之事，虑之贵详，行之贵力。管理会计具有极强的实践性，既要求广大财务人员学习掌握理论知识，又要求他们积极转变传统财务思维，将理论运用于实践，进一步推动财务与业务融合，更好地助力企业高质量、可持续发展。本系列书不仅凝结了一系列优质、有影响力的内容，而且为会计行业的发展及人才培养提供了智力支持和战略助力。我们希望与广大读者共同努力，系统、全面地构建符合中国本土特色的管理会计知识体系，大力促进中国管理会计行业发展，为企业高质量发展和中国经济转型做出积极贡献。

北京大学光华管理学院教授　王立彦
IMA 副总裁、IMA 中国区首席代表　李　刚

前　言

▼

▽

在这个充满变数的时代，我们正置身于一个由不确定性、波动性、复杂性和模糊性交织而成的新纪元。技术，尤其是数字化技术的迅猛发展，以前所未有的速度重塑着商业版图。然而，在这股洪流中，传统的合理主义绩效管理模式正逐渐显露其局限性。企业亟须一种能够有效解决目标冲突、上下博弈及经验决策等问题的新绩效管理方法。

尽管数字化技术为绩效管理领域带来了前所未有的机遇，但许多企业在数字化转型的过程中仍感到茫然无措。作为深耕于各行各业多年的咨询顾问，我们见证了企业在这一过程中遭遇的种种挑战与困惑。我们深切意识到，为了协助这些企业顺利转型，需要构建一套实用且可行的方法论。

正是在这样的背景下，我们获得了 IMA 管理会计师协会（The Institute of Management Accountants，IMA）的约稿机会，从而促成了本书的编写。能够参与这项意义重大的工作，我们深感荣幸，并希望通过本书为企业提供实用指导，助力企业在数字化转型的道路上稳健前行。

我们坚信，以客户价值为先的绩效观是在乌卡时代把握确定性的关键所在。数字化转型并非仅仅是简单的技术引入，它还涉及对企业业务流程、产品和服务的根本性变革，以实现成本的显著降低或客户体验的显著提升。同样，数字化企业绩效管理的核心在于运用数字化技术重构价值体系。为此，我们在书中引入了图 0-1 所示的创新概念——"二维四象六方"企业价值评价体系和数字化企业绩效管理价值重构三支柱。

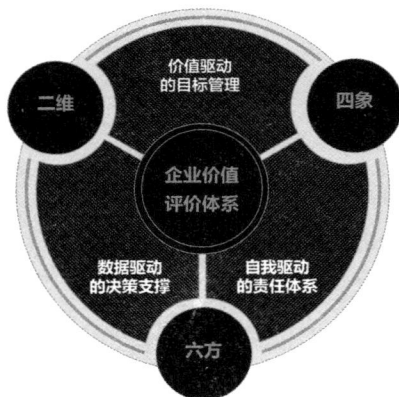

图 0-1 "二维四象六方"企业价值评价体系和数字化企业绩效管理价值重构三支柱

这一体系融合了"价值维"与"时间维"，由此衍生出"四象"：当前客户价值、未来客户价值、当前企业价值和未来企业价值。这"四象"构成了价值飞轮机制：企业向客户传递价值，而客户则以价值的形式予以回报；企业越是慷慨地让渡价值给客户，未来获得的回报就越丰厚。基于此"四象"，企业价值评价体系将客户、企业自身、合作伙伴、员工、股东及社会视为六大评价对象。通过这一体系，企业能够更清晰地理解价值体系中各个要素的优劣与比重，并明确认识到各要素间的相互依赖关系。

我们确信，价值驱动的目标管理、数据驱动的决策支撑及自我驱动的责任体系是价值重构的三大支柱。

价值驱动的目标管理：借助"二维四象六方"企业价值评价体系，确保企业目标与价值导向相契合，为企业的长远发展奠定坚实的基础。

数据驱动的决策支撑：利用数据洞察变化趋势、发现规律并预判决策方向，使企业能够更精准地把握市场动态，制定具有前瞻性的决策。

自我驱动的责任体系：构建自我驱动的责任体系，让责任主体下沉至基层，实现差异化的责任主体管理，从而激发员工的积极性与创造力。

通过这些支柱，企业能够构建一套适应未来挑战的管理体系。我们还特别强调新一代企业绩效赋能平台的重要性，该平台以绩效责任人为主要客户群体，以大模型和知识图谱作为底层架构，并借助人工智能体（Artificial Intelligence Agent）实现智能交互。这样的平台不仅能提升工作效率，还能促进组织内部的协同与创新。

作为本书的作者，我们深知理论与实践之间的差距。因此，本书不局限于理论探讨，而是结合真实的案例，提供具体的操作建议和实施路径。我们希望通过这种方式，帮助读者更加直观地理解数字化企业绩效管理的实际应用场景，从而在企业中成功实施数字化绩效管理。

在此，我们衷心感谢所有与我们合作过的客户，是他们的信任和支持让我们有机会深入了解不同行业、不同规模的企业面临的挑战，并从中汲取宝贵的经验。同时，我们也想感谢我们的同事，是他们的专业知识和无私分享，使本书的内容更加丰富和实用。

我们真诚地希望，本书能够成为企业在数字化转型中的良师益友，帮助企业把握数字化时代的脉搏，引领企业走向更加辉煌的未来。

目 录

▼
▼

1 第 1 章
企业绩效管理的核心——价值创造

2 第 2 章
数字化企业绩效管理的矛与盾

3 第 3 章
以客户为先的企业价值评价体系

4 第 4 章
价值驱动的企业绩效目标管理体系

5 第 5 章
数据驱动的企业绩效决策支撑体系

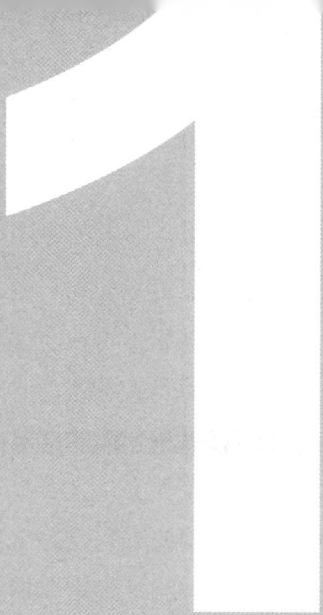

第一章

企业绩效管理的核心——价值创造

➤ 特斯拉创始人马斯克给我们带来的思考

在 2022 年度巴伦投资大会上，一个投资者带有挑衅意味地向特斯拉创始人马斯克提问："我为什么要投资特斯拉，而不是梅赛德斯 – 奔驰？"马斯克回答说："我实际上极少试图说服任何人投资特斯拉。而且，我多次建议人们不要投资特斯拉。我也说过，我们的股价太高了，但人们总是无视我，出于某种原因，继续购买我们的股票。我认为，在一个非常高的层面，自动驾驶是一个根本性的突破，而在通用自动驾驶方面，甚至没人能接近特斯拉。有了自动驾驶，汽车的效用大约可以提升 5 倍，但生产成本仍然保持不变。想象一下，如果一家公司的毛利率是 20%~30%，但突然间，同样的产品，价值却提升了 5 倍，这对这家公司的估值会有什么影响？事实上，这是很不可思议的。如果你考虑到未来现金流的净现值，你真的算一算，数字是很惊人的。"

马斯克的这段话看似和企业绩效管理风马牛不相及，但仔细分析，他的字里行间处处反映出其经营企业的底层逻辑，那就是价值创造，而价值创造恰恰是企业绩效管理的核心。一方面，他不建议人们投资特斯拉，反映出如果站在股东的角度看，特斯拉目前的股价已经严重超出了其盈利能力，即能为股东带来的现实价值。但另一方面，他提到的自动驾驶能使汽车的效用大约提升 5 倍，但生产成本仍然保持不变，反映出站在客户的角度看，如果未来带有自动驾驶功能的特斯拉汽车实现了商业化，客户的价值将至少提升 5 倍。"如果你考虑到未来现金流的净现值……"这段话反映出站在企业的角度看，企业如何高效地实现客户价值与股东价值的双增长，实现客户、股东和企业三者价值的高度统一。

价值创造——企业永恒的追求

马斯克的话折射出的股东价值、客户价值和企业价值是企业存在的理由，也是其基业长青的必要条件。持续地为股东、客户和自身创造价值成了企业永恒的追求，但现实中能达成其中一二的少之又少，可均衡三者的更是凤毛麟角，大部分企业都求而不得。在寻求持续创造价值的过程中，目标管理、预算和报告逐步成了企业管理价值的有效方法和工具，将这些内容整合为一体的企业绩效管理体系也应运而生。

1. 绩效管理的由来

"绩效管理"这个概念由美国管理学家奥布里·丹尼尔斯在 20 世纪 70 年代后期提出，本意为通过改变员工的行为而提高企业的绩效。管理大师彼得·德鲁克认为绩效管理是 20 世纪最伟大的发现之一，是推动企业开展目标管理的有效支撑。通用电气前首席执行官杰克·韦尔奇说："在我奉行的价值观里，如果要找出一个真正对企业经营成功有推动力的，那就是有鉴别力的考评，也就是绩效考核。"绩效管理可分为组织绩效管理和个人绩效管理。顾名思义，组织绩效管理是指通过改变组织的行为提高组织的绩效，个人绩效管理是指通过改变员工个人的行为而提高其对组织的贡献度。组织的绩效影响着企业的股价，决定着管理层的薪酬和去留，在企业中也被给予更多的关注。最早成体系地提出企业绩效管理（Enterprise Performance Management）概念的为国际知名咨询机构加特纳（Gartner），其将企业绩效管理定义为监控整个企业绩效的过程，目标是提高业务绩效。无论是学术界研究的理论还是企业界开展的实践，有效地管理目标、提升价值创造能力是企业绩效管理的核心诉求。树立正确的企业绩效观，制定合理的价值目标，激励和管控价值目标的实现，评价和分析价值目标的实现进展，考核组织绩效是企业绩效管理的价值创造之道。

2. 什么是企业绩效观、平衡绩效观

（1）企业绩效观

企业绩效观是企业价值观的显性化表现，反映的是企业存在的价值。在 2000 年之前，以股东价值为先的企业绩效观是主流，持续地为股东创造价值成了企业的第一要务。随着科技和创新逐渐成为企业发展的核心驱动力，人作为创新之源，其对企业的重要性逐渐提升，以企业和员工价值为先的企业绩效观被互联网企业（如谷歌）率先接纳。在企业社会公民的角色逐步被强调的今天，为客户创造价值不再是一种口号，而是企业履行社会责任和赢得竞争的必需。

（2）平衡绩效观

以客户价值为"根"，以企业价值为"干"，以股东价值为"果"的平衡绩效观被广泛认可和落实。

亚马逊是奉行平衡绩效观的代表，"客户至上"一直是其价值观和绩效观的核心，无论是推出 Prime 会员还是开展亚马逊网络（AWS）业务，亚马逊都以提升客户体验为出发点。贝索斯曾经在致股东信的中说："我们的长期使命是成为世界上最以客户为中心的公司。当客户价值和股东价值发生冲突的时候，亚马逊坚持把客户价值放在首位。"而在 1998 年，亚马逊第一封致股东的信里写道："要采取大胆的行动，投资那些可能没有回报的新技术和新业务。"而其背后的出发点是亚马逊希望把自身运营计算机基础设施和数据中心的经验系统化，造福自身且惠及他人。贝索斯始终认为，增大现金流和提高市场份额永远比短期赢利更重要。

在平衡绩效观的引领下，越来越多的企业把自身的价值目标从收入和利润等财务指标向客户满意度和社会责任等领域延展，且客户满意度和

社会责任等的重要性甚至更高，环境、社会和公司治理（Environment, Social and Governance，ESG）成了国内外企业的"必答题"就是佐证。在此方面，亚马逊走在了时代的前沿。

为了践行客户至上的绩效观，亚马逊将客户至上定义为倾听、创新和个性化三个价值目标。有名的"六页纸备忘录"就是其实现价值目标的一项关键举措，员工如果想要推动一个项目，必须准备一个不超过六页纸的文档。这份文档模拟公关新闻稿的形式，真实而客观地从客户视角思考他们所需的体验和愿意为此付出的成本。一位亚马逊的高管回忆说："我们每周都开会，就像是参加一个竞赛节目，需要不断接受考验。如果客户懒得读操作说明，亚马逊的产品就必须简单易用；客户可以不离开房间就在Kindle上订购一本书；Alexa要让购物和听歌变得更方便。我们一直在为客户解决生活中的困扰。"这位高管还说，"客户永远是第一位的，这是我们所有工作的出发点。"亚马逊早期领导者詹姆斯·马库斯强调："亚马逊鼓励每个员工参与有益的冲突，这建立在一切以客户为中心的基础上。员工要思考如何连接客户、如何将客户放在第一位，并快速行动，与每个同事合作，而不是扯皮。"

3. 企业绩效管理的两大法宝

（1）预算管理

通过激励和管控推动目标的实现是企业绩效管理的日常工作，甚至在某些企业是绩效管理的全部。预算管理是大部分企业开展绩效管理的核心抓手，企业借助战略解读、目标设定、资源分配和执行管控等方法对目标进行全过程管理。最早将预算管理作为绩效管理工具的是美国企业，起初预算管理作为分权管理的手段被引入企业。伴随着经济大萧条的发生，预算管理又进化为企业预测市场需求、平衡内外部供需和协同产供销的机制，成为帮助很多企业走出"生产过剩"泥潭的利器。在标准成本和差异分析等科学管理方法的加持下，预算管理逐步成为美国企业日常的管理手段，并且随着这些企业的国际化进程得以在全世界推广，美国通用电气（GE）的成功很大程度上得益于此。预算管理是否有效的关键在于是不是以价值创造为出发点。杰克·韦尔奇在其畅销书《赢》中提到两种错误的预算方法——"谈判式解决"和"虚伪的笑容"。使用"谈判式解决"的业务部门更在意自身的利益而不是对企业的价值贡献。类似地，使用"虚伪的笑容"的业务部门也把自身的发展凌驾于企业总体价值目标的实现之上。韦尔奇在其书中提到好的预算方法需要关注两个问题："如何超越去年的业绩？"和"竞争对手在做什么，如何战胜他们？"这两个问题的核心在于在预算管理的过程中将注意力放在如何提升企业价值上。预算管理的过程不是谈判，也不是"谁的拳头大听谁的"，而是各方为了实现企业价值的提升而制定一个运营计划，制定一个反映各方最大努力的价值目标的过程。与传统的预算管理相比，这种预算管理的价值目标是基于对市场需求、目标市场份额和业务举措的分析得出的。随着环境和企业自身能力的变化，运营计划会被动态调整以达成价值目标。

如何调整运营计划有赖于对价值目标实现进展的评价和分析，这也是企业绩效管理的重要一环。在客户需求日益多样化、商业模式不断创新的当今，价值评价和分析的重要性更加突显，"轻预算重分析"的权变型企业绩效管理模式被越来越多的企业所采纳。在大数据和 AI 等数字化技术的赋能下，该模式的效果也愈发明显。

权变型企业绩效管理模式和张一鸣在字节跳动推行的"关注背景，而不是控制"管理理念有着相同的内涵：基于环境的变化动态调整目标和经营举措。数据驱动的评价和分析是该模式成立的关键。字节跳动为了实现 Context 透明化，投入近 100 人的内部工具开发团队，做各种工具尝试，自己开发了目标与关键成果（Objective and Key Results，OKR）系统，并且和内部使用的即时通讯打通，方便大家互相查看。亚马逊的"聚焦于因、智能管理"管理体系与此异曲同工。例如，亚马逊为第三方平台的图书品类业务设置了 25 页的量化目标，订单出错率、订单退款率、订单取消率、送货延迟率等指标通过系统实时动态生成，各级人员可根据需求随时调用这些数据支持决策，实现企业经营举措根据客户需求和市场变化实时调整和优化。

（2）绩效考核

绩效考核是企业绩效管理的激励机制，也是价值创造成果的分配过程。"考核什么""由谁考核""考核结果用来干什么"是绩效考核的三个核心问题。"考核结果用来干什么"是其中的焦点，决定了"考核什么""由谁考核"这两个问题的答案。

激励员工是绩效考核的重要目的，而发奖金和涨工资是十分有效的激励手段。现在越来越多的企业发现发钱的激励作用好像大不如前了，很多员工拿到钱就走人了，考核季成了离职季。发现优秀员工、淘汰落后员工在某些企业是绩效考核的另外一个目的，也是韦尔奇主管 GE 时的核心绩效管理手段。企业通过考核把员工分为最好的员工（20%）、中等的员工（70%）及最差的员工（10%），对最好的员工给予最丰厚的奖励，最差的员工就只能离开。随着以人为本理念的普及和法律法规对员工权益保护力度的加大，绩效考核的这一目的逐渐被弱化。在现在的 GE，韦尔奇提出的"活力曲线"已被更加人性化、个性化的产品设计所取代。国际商业机器公司（IBM）等知名企业也都与时俱进地推行了类似的人性化考核办法。无论是 GE 的 PD@GE 还是 IBM 的是 IBM 所推出的集成工具全称：APP Connect Enterprise "人性化"是其核心，但也催生了很多"老白兔"员工，他们占用着公司宝贵的资源，但不积极主动参与公司的价值创造活动，往往通过"向上管理"等方式得到不错的绩效考核结果。这从侧面反映出"人性化"考核的弊端。

绩效考核应该是平衡绩效管理体系的护航机制，通过考核把股东价值和客户价值与业务成长紧密结合。凡是有助于提升客户效用和降低客户投入的业务和行为，即使对短期财务指标有负面影响，都应该被鼓励和嘉奖。

从物质上，绩效考核的结果可以作为参与公司长期价值分配的入场券，比如给员工期权和未来的红利，"华为奋斗者"获得内部股票就属于此类；从成长上，考核的结果除了作为升职的参考，也可以作为获取内部资源的通行证，比如谷歌鼓励员工按照自身的专长和兴趣，在完成本职工作的前提下，可利用公司的资源去做一些创新项目。

企业绩效管理随着企业的经营环境和价值目标的变化在不断演变，绩效观、文化背景和信息技术是其发展的三个核心动力。"客户至上"和"人本主义"的兴起催生了平衡绩效管理体系，数字化技术的发展使连接型企业绩效管理的实现成为可能。但无论何种风格、何种模式、何种技术支撑的企业绩效管理，价值创造始终是其核心，推动价值创造的就会被倡导，阻碍价值创造的就会被颠覆。

企业绩效管理的方向不再是合理主义

2007 年 1 月，日本的杂志《文艺春秋》刊登了一篇名为《绩效主义毁了索尼》的文章，作者为索尼公司前常务董事之一。

今天的索尼职工好像没有了自发的动机。为什么呢？我认为是因为实行了绩效主义。绩效主义就是"业务成果和金钱报酬直接挂钩，职工是为了拿到更多报酬而努力工作的"。如果外在的动机增强，那么自发的动机就会受到抑制。

如果总是说"你努力干我就给你加工资"，那么以工作为乐趣这种内在的意识就会受到抑制。从 1995 年左右开始，索尼公司逐渐实行绩效主义，成立了专门机构，制定非常详细的评价标准，并根据对每个人的评价确定报酬。

但是井深大的想法与绩效主义恰恰相反，他有一句口头禅："工作的报酬是工作。"如果你干了受到好评的工作，下次你还可以再干更好的工作。在井深大的时代，许多人为追求工作的乐趣而埋头苦干。

但是因实行绩效主义，职工逐渐失去工作热情。在这种情况下是无法产生"激情集团"的。为衡量业绩，首先必须把各种工作要素量化。但是工作是无法简单量化的。公司为统计业绩，花费了大量的精力和时间，而在真正的工作上却敷衍了事，出现了本末倒置的倾向。

文中提到的绩效主义是典型的合理主义绩效管理模式，追求股东价值最大化是其核心，科学管理是其理论基础。这种模式下，企业、部门和个人的目标围绕年度预算设定的财务指标制定，人被作为生产工具看待，管控成了促进目标达成、推动组织与个人行为改变的主要方式，"淘汰制"是其标志性符号。

寻求新的有效的绩效管理模式的前提是知道旧的绩效管理模式无效的原因。回顾企业开展绩效管理的过往，以短期利润为导向是合理主义绩效管理模式无效的根本原因。以下介绍一家传统外企在华开展绩效管理的案例。

＜案例＞

一家传统外企在华开展绩效管理的得失

A公司为一家总部位于欧洲的大型设备制造公司，其于 20 世纪 90 年代初进入中国开办了第一家工厂，目前在华业务已经成为其主要业务。在进入中国的同时，A公司以利润为导向的企业绩效管理模式也逐步被引入。以利润为导向的企业绩效管理模式被大量外企应用在当时是有现实背景的。无论是改革开放之初的"来料加工两头在外"的模式，还是后续的"以技术换市场"的模式，外企在中国的业务基本上都属于成熟型业务的复制和扩张，快速布局、快速占领市场和快速实现盈利是其成功的关键。合理主义绩效管理模式可以最大限度地激发本地管理团队的能动性，简单而有效的以利润为核心的打法也可以高效地传递海外总部的要求和目标。

A公司企业绩效管理的主要工具为预算和管理报告。每年 9 月中旬进入年度预算季，年度预算分为目标设定、年度预算编制和年度预算审批三个环节。年度预算目标先由在华各业务线根据历史财务数据设定，在华各业务线通常会先按业务归属向对应的全球事业部（BU）管理层汇报，事业部（BU）通过之后再向中国区汇报。在两条汇报线对目标都认可之后就进入年度预算编制环节，各业务线的财务业务伙伴（Business Partner，BP）与预算的业务承接方开始讨价还价，直至设定的预算目标都得到分解。在设定预算目标的环节，业务线的高管通常会采用"虚伪的笑容"，为了得到业务发展资源和上层认可，他们通常会过高地估计利润增长空间，并通过讲故事的方式支撑所提出的利润增长目标。在年度预算编制环节，预算的业务承接方又会采用

"谈判式解决"，找各种理由来诉苦说目标不可能达成，为了使得目标被分解和认领，层层加码就开始了。经过多轮的谈判后，预算在 11 月中旬基本确定，各业务线的财务 BP 还需准备精美的 PPT 和大量的表格向上汇报，最终预算会在次年的 1 月中旬下发执行。

在执行过程中，财务部门会通过表 1-1 所示的财务绩效管理报告体系来管控预算目标的执行进度。从表 1-1 可以看出，该报告体系聚焦订单收入、成本和利润指标，对各条线管理层的绩效持续进行统计、跟踪和分析。通常情况下，季度报告数据会作为绩效考核的依据。一个销售体系的基层管理者如果连续 2 个季度不达标，就有可能被辞退。该报告体系驱使着被考核者不断地向月度目标、季度目标和年度目标冲刺。最终的结果是，大部分被考核者不是因为业绩不达标被淘汰，就是因为身心疲惫而主动离职。

表 1-1　财务绩效管理报告体系

细则	市场	销售	行业	客户	合作伙伴	项目
形式	日报／周报／月报／季报／年报	日报／周报／月报／季报／年报	月报／季报／年报	月报／季报／年报	月报／季报／年报	月报／季报／年报
负责人	·产品事业部领导 ·产品经理	·销售事业部领导 ·销售团队领导	·销售事业部领导 ·行业领导	·销售事业部领导 ·大客户经理	·QCS ·销售事业部领导 ·合作伙伴经理	项目经理
目标	支持交叉销售	支持交叉销售	支持分行业的销售订单细分	支持分客户的销售订单细分	支持特定合作伙伴的销售订单统计	通过成本消耗确认收入
关键绩效指标	·事业部订单额 ·事业部销售量（月报）	·事业部订单额 ·事业部销售量（月报） ·产量（月报）	·事业部订单额 ·事业部销售量	·事业部订单额 ·事业部销售量	·事业部订单额 ·事业部销售量 ·目标完成率	·订单额 ·销售量
场景	·去年／上月／上季度 ·实际 ·预测	·去年／上月／上季度 ·实际	·去年／上月／上季度 ·实际 ·预测	·去年／上月／上季度 ·实际 ·预测	·去年／上月／上季度 ·实际 ·预测	·实际 ·计划
维度	·产品（参考用） ·客户（分地区、分城市） ·销售（分组织、分销售团队） ·来源类型 ·行业	·产品（分到二级产品） ·客户（分地区、分城市） ·销售（分销售员） ·行业 ·客户群 ·业务模式	·产品（分到一级产品） ·销售组织 ·客户（分到区）	·产品（分到二级产品） ·销售组织	·产品（分到二级产品）	·产品 ·行业 ·项目 ·客户 ·法人单位

在员工疲于奔命的同时，对 A 公司来讲，以利润为导向的绩效管理模式也失去了作用。A 公司高层察觉到年度预算目标越来越难以达成，其作为绩效考核依据的合理性也被广泛质疑。2010—2020 年，A 公司的年复合增长率与 2010 年之前的 10 年相比下降了 5%，产品的技术领先地位也在被本土企业赶超，客户满意度也大不如前。究其原因，这家外企的定位在从"In China for World"（强调 A 公司在中国生产的产品主要面向世界市场）向"In China for China"（强调 A 公司在中国生产的产品主要面向中国市场）转变，但企业绩效管理没有进行相应的优化与调整。

第一，由于绩效管理没有和战略融合，战略方向和战略举措没有成为年度预算目标的有效输入，战略和绩效"两张皮"。在业务成熟的情况下，通过胡萝卜加大棒的机制，预算目标通常都能达成。在新业务和新模式不断涌现的今天，如果缺乏战略输入，上级和下级心里都没有底，目标的制定成了上下博弈的过程，预算目标的可执行性可想而知。

第二，不同阶段的企业需要不同的绩效管理方法来度量绩效和激励员工。从概念到产品的阶段，是从 0 到 1 的阶段，绩效管理的重点在于如何激励创新，加速产品开发；从产品到商品的阶段，是从 1 到 10 的阶段，绩效管理的重点在于如何激发客户需求，扩大收入规模；从小众商品到大众商品的阶段，是从 10 到无限的阶段，绩效管理的重点在于如何实现标准化和规模化，提升利润能力。以利润为导向的绩效管理模式不考虑企业所处的阶段，不加区别地以利润为指标要求所有的管理者，不仅起不到正向激励作用，反而会鼓励短期行为，遏制创新。

第三，企业经营环境的不确定性越来越高，"黑天鹅"事件层出不穷，"灰犀牛"事件随时可能爆发。如果绩效管理不和行业背景相结合，绩效目标刚性有余而弹性不足，以上事件一旦出现，既定的目标马上就变成"希望的泡沫"，随即破灭。并且由于缺乏预案，企业仓促应对之下极有可能引发次生风险。

越来越多的企业意识到合理主义绩效管理模式已失效，相继对其绩效管理展开变革。"淘汰制"是第一枚被挪动的棋子，曾奉其为圭臬的 GE 多年前已摒弃了"271"考核，保留"淘汰制"的企业也开始以行为为导向。如阿里巴巴（简称阿里）虽然推行"361"考核，即根据绩效考评结果按 30%、60% 和 10% 的比例把员工划分为 3 个等级，有 10% 的员工会因处于末位而被淘汰，但该考核方式突出行为导向而不是绩效导向，容忍甚至鼓励为了创新而犯错，淘汰不是目的，而是促进员工改进其行为的手段。无论是传统企业，还是互联网企业，都在探索如何通过企业绩效管理平衡客户价值、企业价值和股东价值。追求股东价值最大化的企业逐步重视客户价值和企业价值，追求客户至上的企业也在兼顾股东价值和企业价值。以下介绍谷歌的平衡绩效管理实践。

＜案例＞

谷歌的平衡绩效管理实践

谷歌创立于 1998 年，其创新的搜索引擎业务开辟了网络商业广告新纪元。安卓手机操作系统、谷歌地球和 AlphaGo 等产品彰显了谷歌无与伦比的创新能力。谷歌"不作恶"的价值观、"产品三人组"的组织模式和"足够有趣"的工作环境等被外界所津津乐道，现在大火的 OKR 也是被谷歌传播开来的。但把这一切有机地连接在一起，助力谷歌持续创造价值的企业绩效管理却鲜为人知。

谈到谷歌企业绩效管理体系就绕不开两个人，一位是前任首席财务官帕特里克·皮切特（Patrick Pichette）先生，另一位是接任皮谢特先生的鲁·波拉特（Ruth Porat）女士。他们共同面临的命题是：在保持和提升谷歌持续创新能力的前提下，以价值引领决策，以规范指导运营。皮谢特的贡献在于把资源集中到创新上，推动谷歌成为创新之路上的"长跑冠军"；波拉特的贡献在于推动了谷歌业务重组，成立了控股公司字母表（Alphabet），使成熟业务和创新业务分别被不同的子公司承接，从机制上促进了各项业务客户价值、企业价值和股东价值的统一和平衡。

皮谢特 2008 年加入谷歌，他在业界以控制成本和建立规范著称，加入谷歌前曾为加拿大贝尔的首席运营官和北美麦肯锡的合伙人。当时正值金融危机，谷歌各项业务增长不如预期，华尔街认为皮谢特的加入恰逢其时，他是对谷歌的业务进行严格审查，提升业务盈利性的合适人选。皮谢特确实加大了成本控制的力度，众多的项目、设施和福利被"砍"掉，包括整个公司一年一度的滑雪之旅。在全球金融危机低谷的 2008 年第四季度，谷歌人均运营开支为 33 万美元，同比下滑 6%；资本支出减少 46%，为 3.68 亿美元；自由现金流增长 73%，为 17.5 亿美元。股东价值深入皮谢特心中，他自己出差时，在美洲航线上都会选择经济舱，"因为飞机票钱不是我自己的钱，而是股东的钱。" 但这些并不代表客户价值和企业价值被忽视，节省成本是为了把钱花在刀刃上，为了更好地支持创新。

在接受《麦肯锡季刊》的采访时，皮谢特引用时任谷歌执行董事长埃里克·施密特的话说："如果我们不是在开发一种至少有 10 亿人将会使用的产品，我们就是在浪费时间。如果没有至少 10 亿人在使用我们的产品，我们又怎么能成为一个改变世界的企业呢？"他又说："给我 10 亿用户，我会向你证明'如何赚钱'是一个更大的挑战。"这些话背后的核心问题就是如何把客户价值转换为企业价值和股东价值。他提到真正的挑战在于规划，在于如何激励优胜者，而这正是企业绩效管理的核心问题。

为了回答这些问题，谷歌每季度会开展工作回顾，回顾的核心目标之一是基于变化的环境和战略对资源进行优化。谷歌的季度回顾包括三项内容：业务回顾、资源评估和战略举措优化。通过业务回顾，负责各条核心产品线的核心工程师要解释过去的 90 天完成了哪些工作，未来 90 天的核心任务有哪些。在资源评估环节，谷歌会依据最近 1~2 年的财务和运营指标检查产品的发展是否在轨道上，基于进展会制定诸如资本投资等资源调整的策略。比如一个产品的流量如果超出预期，就要提前考虑是否要增加基础设施投资来满足未来的需求。在战略举措优化环节，谷歌会通过从外向内的视角审视现有产品的竞争力，如果发现市场上有更有竞争力的产品或更好的解决方案，就要考虑是否通过并购的模式来提升竞争力，或者考虑通过调整产品组合的方式来优化资源投入。以上流程看起来和其他公司的绩效面谈流程没有太大的区别，但其特别之处在于这一切都是建立在对客户需求长期性的思考的基础上。这就是施密特在其《重新定义公司：谷歌是如何运营的》一书中提到的科技洞见："所谓的科技洞见，是指用创新方式应用科技或设计，以实现生产成本的显著下降或产品功能和可用性的大幅提升。""在为广告排序时，应该以广告信息对用户的价值作为标准，而不是看广告商愿意出多少广告费。"这句话是对科技洞见的最好诠释。科技洞见的核心是以提升客户价值为根本目标，客户价值是1，其他都是0。企业不坚在客户角度进行长期思考，则其企业价值和股东价值的可持续性就是值得怀疑的。

2015年，皮切特接替皮谢特成为谷歌新一任首席财务官。上任伊始，皮切特面临的挑战是重组业务。经过三个月的努力，控股公司 Alphabet 横空出世，承载搜索等传统业务的 Google、以生命科学为核心业务的 Calico、主营智能家居业务的 Nest 成了其子公司。谷歌业务重组的本质是按产品/服务成立了业务单元，每个业务单元自主决策，独立经营。为什么一向不设立业务单元的谷歌改变了呢？谷歌之前不设业务单元的目的是实现资源共享，这样做的好处是可以根据业务变化快速调整资源配置，而不会受到各业务单元的"私心"阻碍资源的自由流动。2015年，谷歌的业务规模已经十分庞大，公司业务已从互联网扩展到了生命科技、自动驾驶、人工智能等多个创新领域。不同业务所需的资源，特别是人力资源已经大幅提高，资源共享对不同领域业务的作用已经不再显著。

对客户来讲，谷歌的价值在于其创新能力，谷歌联合创始人佩奇说："我们一直认为随着时间推移，各家公司都会更加循规蹈矩，安于守成，只做些许的调整工作。但在科技行业，革命颠覆性的创新不断推送着新的增长领域出现，你需要让自己有一些不安分，以继续保持与行业挂钩。"这背后的逻辑是，随着业务规模的扩大，谷歌也不得不通过设置预算、考核等流程来管理业务，在加强业务规范和提升资源分配效

率的同时，也在一定程度上抑制了自动驾驶、生命科

到产品阶段的业务创新。如果按照统一的内部收益率

是无法获得所需资源的，为了继续激发各项业务的积

运营更有利于创新。

从股东视角来看，创新业务拖累了谷歌。为了更

的盈利能力，各项业务独立运营非常必要，Alphabet

意思。波拉特上任以来，更加关注项目的盈利性，一些

关闭或转让，例如以机器狗闻名的波士顿动力公司在

银，期望将互联网信号传输到偏远地区的"互联网气球

关闭。这些项目的共同特点就是在短期无法找到有效的

来越严格的内部财务审核而被放弃。这些改变体现 Alp

找客户价值和股东价值之间的平衡点，以实现企业在

走得更远的目标。

从企业价值来讲，谷歌创始人是按照基本物理原则

谷歌能成为创意精英的乐土。谷歌不通过监督、控制和

工，而是为员工打造一个帮助他们实现自身创意的平

人才加入企业，并通过员工自我激励的方式完成其远

化的措施会让华尔街大加奖赏，但同时也会让许多内

们觉得谷歌鼓励创新的文化在被盈利要求侵蚀，一些

谷歌不像以前那么酷了。把从 0 到 1 的创新业务独立

的成熟度实行不同的管理模式。搜索、视频等业务是

来源，其创新模式也从颠覆式过渡为渐进式，规范化

持增长的关键。而自动驾驶、生命科技等业务还需要

撑，这无法通过商业计划、年度预算和绩效考核等方

分给创意精英松绑，以激发他们不同常人的洞见。

Alphabet 的平衡绩效管理还在持续进化，但不变

动的科技洞见能力。以此为核心，谷歌根据业务发展

境的变化，对客户价值、企业价值和股东价值的优先

就如最近，面对低迷的广告市场和严峻的宏观经济形势，一向主张把绩效和薪酬挂钩的谷歌，通过启动"谷歌人审核与发展"计划，根据员工表现设定"清晰预望"并提供"定期反馈"，其实质是以员工绩效不达标为理由进行裁员。

中国企业的蜕变：从目标管控到

伴随着我国的改革开放，无论是国企还是民企，其

场主体，建立"产权清晰、权责明确、政企分开、管理

治理机制成为必然。如何更好地激励管理层是现代企业

绩效管理由此也成为国内企业管理的重要一环。万达集

说："世界 500 强中大部分都是外行在管理企业，他们

管制度，也不是管文化，管理学最核心的就是调动激励

国内企业绩效管理的发展分为三个阶段。

第一阶段是为了激励管理层而开展的评价型企业绩

第二阶段是为了达成经营目标而开展的管控型企业

第三阶段是为了高质量发展而进行的价值型企业绩

三个阶段的企业绩效管理是层层递进的。评价型企

现于改革开放初期，其主要作用是衡量企业管理层的经

国家经贸委等部委于 2002 年发布的《企业效绩评价指

是国企开展评价型企业绩效管理的重要指引。国资委

《关于进一步深化中央企业全面预算管理工作的通知》

控型企业绩效管理开始在国企大规模推广。随着我国经

转向高质量发展阶段，党的十九大提出的"建立健全经

经济体系"为我国经济高质量发展指明了方向，价值型

了时代的必然。在当下，评价型企业绩效管理还有企业

尤其普遍。管控型企业绩效管理的应用最为广泛，价值

理念正被越来越多的企业所接受，一些领先企业也在积极地探索。

国内企业绩效管理的蓬勃发展，离不开国家的政策倡导，也离不开相关研究机构的理念支撑，更离不开企业坚持不懈的实践和探索。华润、华为和阿里巴巴等企业是绩效管理方面的楷模，其中华润的 6S 体系曾经是一大批企业开展绩效管理的指路明灯。华润并没有固守 6S 体系，而是一直在根据管理需求，对其企业绩效管理体系不断进行优化和调整，可以说华润在这方面的实践是我国企业绩效管理的范例。

< 案例 >

华润的企业绩效管理进阶之路

华润的前身是"联和行"，于 1938 年成立，改革开放后，华润走在了时代的前列，积极谋求实业化转型，经过近 30 多年的发展，华润已成为多元化的产业集团。自国资委对中央企业实施经营业绩考核以来，2022 年华润集团连续第 18 次获得年度考核 A 级。在 2022 年《财富》杂志公布的世界 500 强排名中，华润集团居第 70 位。

自实业化转型以来，华润经历了"两个再造"。2018 年以来，华润进入一个新的发展阶段，在新任董事长王祥明的带领下"重塑华润"，开展第三次转型，"价值重塑、业务重塑、组织重塑、精神重塑"是其主旨。王董事长 2023 年在《国企管理》杂志发表署名文章《重塑华润——成为大众视野和喜爱的世界一流企业》，其中明确提到要完善集团现有 6S 战略管理体系、5C 价值重塑财务管理体系。文中提到的两个体系正是华润的企业绩效管理体系的核心，华润几次成功转型的背后都能看到它们的身影。

6S 战略管理体系（简称 6S 体系）产生于 1999 年，成熟于 2003 年，此后一直在持续完善之中。6S 体系是伴随华润的多元化产业战略产生的，其针对是对下属利润中心进行考核和评价。最初的 6S 体系由业务编码体系、预算管理体系、管理信息管理体系、审计监督体系、业绩评价体系和经理人考核体系构成，其本质是把下属公司划分为利润中心，并对利润目标的

执行进行管理和评价。伴随着 2001 年第一次"再造华

体系的核心作用也由评价向管控转变，其定位变为提

力的管控体系，战略目标管理成了 6S 体系的灵魂。6S

战略规划体系、商业计划体系、管理报告体系、业绩评

体系和经理人评价体系。其中，战略规划体系输出长

系输出年度目标和资源配置方案，管理报告体系衡量

外事项，业绩评价体系输出利润中心的绩效得分，内

定绩效得分，经理人评价体系形成个人绩效和奖惩结

略化和信息化等各个发展阶段，6S 体系已经成为综合

管理体系。

　　5C 价值型财务管理体系（简称 5C 体系）的提出

型企业绩效管理的开始。5C 体系的出发点是对战略目

通过锚定投入资本收益率（Return on Invested Cap

响 ROIC 的资本（Capital）和现金（Cash）两类因素

和资本相关，分别为资本结构（Capital Structure）

Raising）和资本分配（Capital Allocation）；另外的

别为资金创造（Cash Generation）和资金管理（Cash

本相关的 3C 影响着 ROIC 的分母，资本结构决定了投入

资本筹集决定了投入资本的供给总量，资本分配决定

量和结构。以目标 ROIC 为资本结构的底限，以流动性

界，以资本筹集为资本分配的上限，是资本管理的核

的 2C 影响着 ROIC 的分子，资金创造是企业经营能力

理是降低当期资金成本的有效手段。借助 5C 体系，战

解，战略举措产出通过资金创造得以衡量，产业布局

集和资本分配得以保障，公司整体风险通过资本结构和

　　伴随着"重塑华润"工作的开展，价值型企业绩

华。价值重塑是华润战略转型的目标，也是对企业绩

价值重塑意味着华润在为股东创造价值的同时，期望

行者""产业链和供应链升级的引领者""科技创新的实干者""美好生活的创造者""国家战略的担当者"。华润通过企业绩效管理为股东、公司、客户和国家创造价值，充分彰显了华润对价值型企业绩效管理的追求。

华润目前正在通过构建价值型组织进行破局：集团总部发挥引领、发展、服务、监管作用，着力创造资本价值；业务单元承担产业投资和整合功能，通过打造世界一流的产业集群，着力创造产业价值；生产经营单位承担一线生产经营功能，直接参与市场竞争，创造营收和利润，获取经营性现金流，着力创造市场价值。这种价值型组织的设置是落实国有资本投资公司改革的有益探索，使得价值重塑和业务重塑有了落脚点，也使得企业绩效管理体系的价值管理目标更加明确清晰。集团总部以资本为纽带把国家战略、股东价值目标传递到下级组织，在实现资本保值增值的前提下引导产业向国计民生和关键领域聚集，同步实现贯彻落实国家战略和提升股东价值。业务单元通过打造产业投资平台承接集团战略目标，提升全产业链竞争力，为客户提供一站式服务是其核心价值所在。生产经营单位通过具体的产品和服务落实经营目标，以客户价值为导向，以创新谋求高质量发展是其立身之本。

价值、业务和组织的重塑也需要对管控模式进行重塑。依托 6S 体系和 5C 体系，华润创新性地提出差异化管控新模式。对于控股企业，基于"外部环境""公司治理""资本结构与业务定位""组织能力""企业竞争力"5 个维度，从"行业发展阶段""市场竞争程度""公司治理规范性""风险控制水平"等 14 个方面对业务单元开展评价，依据评价结果将 25 家业务单元划分为三类，其中包括充分授权，部分授权，少授权和不授权。三类授权模式包括不同的管控事项，采取不同的管控权限和管控流程。对于混改企业和参股企业，以提升股权董事行权履职能力为切入点落实差异性管控。

差异化管控必然要求商业计划、管理报告和绩效评价等方面也有所差异，尤其是一刀切的资源分配方法不再适用。华润提出"坚持战略导向、坚持财务回报、坚持创新发展、坚持团队组织能力"四大资源分配原则，

与差异化的管控相互支撑。其中坚持创新发展和坚持目□□□□□□□
华润创新驱动和人才强企理念的体现。这两条原则保□□□□□□□□
的资源需求，也有效地激励了业务单元提升组织能力的□□□□□□

"重塑华润"任重而道远。作为支撑转型的管理□□□□□□□□
体系需持续完善以便更好地服务战略、业务和组织重□□□□□□□
协同、多层次组织目标的拉通、管控工具的数字化等□□□□□□□
效管理面临的课题。

国内大多数领先企业的绩效管理发展都经历了与□□□□□□
借鉴和学习以 GE 为代表的跨国企业的经验开始，逐渐□□□□□□
的企业绩效管理体系。这些企业在这方面的探索和实践□□□□□□
而且带动了国内企业绩效管理水平的整体提高。华润□□□□□□
中型企业绩效管理的灯塔，华为模式一直以来是众多□□□□□□
里巴巴模式引领了国内大部分互联网企业的实践，而□□□□□□
而同地走向了价值型企业绩效管理之路。价值型企业□□□□□□
观的体现，是全社会从追求量到追求质的必然，也是□□□□□□
的自我进化，更是数字化技术赋能的结果。雄关漫道□□□□□
头越。唯有坚持价值化导向，坚持数字化方向，企业□□□□□□
服务战略、管理价值。

2

数字化企业绩效管理
的矛与盾

▶ 找到合适的应用方向是数字化的第一要义

谷歌前执行董事长埃里克·施密特在《重新定义公司：谷歌是如何运营的》中写道："在成为蒸汽机车的动力来源之前，蒸汽机一直是用来从矿井里抽水的工具。马可尼在卖无线电设备时，把它当作船上与岸上通信的工具，并没有想到有朝一日人们会用它听广播节目。20 世纪 60 年代，激光技术问世，而贝尔实验室却不看好激光技术的商业潜力，曾一度想过放弃专利。即使是互联网，问世时也被认为只是科学家和学者之间交流研究成果的工具。"技术只有和具体的应用相结合，用于解决之前不能解决的问题或者更高效地解决已有的问题，才能发挥价值。

数字技术也是如此，数字化的本质是通过拓展信息、连接和算力等技术要素的应用广度和深度，实现社会、经济和商业价值体系的重构。数字化的核心是从问题出发，把数字化技术和专业领域的知识相结合，创造出体验更好或者成本更低的解决方案。Web 1.0 时代，谷歌利用互联网的开放特性构建了搜索引擎，极大地提升了信息传播的效率，同时也开创了互联网广告新纪元；Web 2.0 时代，基于互联网，以亚马逊、脸书、阿里巴巴和腾讯为代表的企业构建了多方参与的信息交换或交易平台，促进了平台经济的发展；在 Web 3.0 时代，伴随着数字的资产化和金融化，一个全新的数字虚拟世界呼之欲出，社会的价值体系也将被重构。

作为价值管理抓手，企业绩效管理也在各种数字技术的加持下被数字化。许多数字化的理念和方法，例如敏捷预算、数智化管理报告和基于数据中台的管理会计等，正在被越来越多的企业所接受和应用。但这些理念和方法只是局部提升了企业绩效管理的效率，把一些控制和报告的操作由手动处理变成了系统处理，企业绩效管理的核心痛点并没有得到根本性解决。按照第一性原理，从核心问题出发构建数字化企业绩效管理体系变得非常必要。

化企业绩效管理

数字新范式下的经济机遇》中提到："在过去十年中，
产率增长的三分之二以上。预计到 2030 年，数字经济
%。"

会产生如此之大的价值？以下是各类权威对其的理解。

院院士、阿里云创始人）将数字化比喻为 100 多年前
们现在正处于数字化的早期阶段，数字化对现代社会
对工业时代的影响一样深远。王坚强调数字化不仅是
社会结构和生活方式的重大变革。

(Michael Porter) 和詹姆斯·赫斯克特（James L.
商业评论》发表的一篇文章中提到："数字化不仅仅
是利用数字技术来改变业务流程、产品和服务的根本
数字化的关键在于如何利用数字技术来改变商业模式

究院 (Mckinsey Global Institute) 在其研究报告中指
数字技术应用于业务活动，以改善现有产品和服务，或
。"麦肯锡全球研究院强调了数字化对企业创新和增
数字化在开发新产品和服务方面的作用。

同之处是，数字技术的价值在于利用其可以改进业务流
以实现生产成本的显著下降或产品功能和可用性的大幅

数字化指利用数字技术和互联网技术来改进业务流程、产品和服务，以及商业模式的过程。数字化企业绩效管理是指通过数字化技术的应用来改进绩效管理流程和产出，以提高目标的前瞻性和决策的科学性的过程。这当然离不开实时监控与分析、自动化报告与流程、智能决策支持等数字技术。更重要的是，数字化企业绩效管理和价值型企业绩效管理具有"一体两面"的关系，两者都是对合理主义绩效管理模式的发展和超越，共同追求一种更加均衡和全面的绩效管理模式。

为了更好地让数字化企业绩效管理的价值具象化，并将数字化企业绩效管理与传统绩效管理进行对比，我们可以从管理价值、支撑决策、业务流程、防控风险这四个具体场景出发，来描绘数字化企业绩效管理如何为企业带来变化和价值。

在传统绩效管理模式下，管理层往往依赖定期的静态报告来评估员工及部门的表现。这些报告通常在每个季度结束时生成，涵盖过去一段时间内的数据。然而，由于数据收集和处理的时间滞后，这些报告所提供的信息往往已经过时。相比之下，在数字化企业绩效管理模式中，管理层可以通过一个交互式的数字仪表板实时查看关键绩效指标。例如，销售团队的主管可以在任何时间登录系统，查看最新的销售数据、客户反馈评分等。这些信息能即时反映当前的业务状况，使得管理者能够在第一时间了解公司运营的情况。

在决策过程中，传统绩效管理模式往往依赖于历史数据和个人经验。例如，当决定是否推出新产品线时，管理层可能会参考市场部门提供的市场调查报告，而这份报告可能是在数周前完成的，其中的数据可能已经发生变化。而在数字化企业绩效管理模式中，团队成员可以实时访问市场趋势数据、进行竞品分析，以及获取消费者反馈。

传统绩效管理模式在支持业务流程方面存在一定的局限性。例如，销售团队通常需要在每个月月底手动输入销售数据到表格中，然后由财务部门进行汇总分析。这种方式不仅耗时，而且容易出错。相比之下，数字化企业绩效管理模式允许销售数据自动同步到客户关系管理 Customer gement 系统中，不仅能节省大量的时间，还能确保数

面，采用传统绩效管理模式的企业往往反应迟缓，无法
题。例如，当供应链中断时，企业通常在接到供应商的
题的存在。而采用数字化企业绩效管理的企业则可以通
能算法实时监控原材料供应情况和物流状态。一旦检测
会立即预警，使企业能够迅速采取行动减少损失，避免
造成重大影响。

企业绩效管理转型有多棘手

从管控主导向价值引领转型已经成了企业绩效管理的变革方向。以客户价值为先、长期主义至上和数据驱动决策已经成了领先企业绩效管理的共性。但知易而行难,企业在践行这些理念的过程中,除了要应对具有不确定性的外部环境之外,还需要解决目标冲突、上下博弈和经验决策三方面的难题。

1. 乌卡时代

"变动"与"不确定性"成为当代的标志。宝洁公司前首席运营官罗伯特·麦克唐纳(Robert McDonald)把当下商业世界的格局描述为: "这是一个 VUCA(乌卡)的世界。"VUCA 是波动性(Volatility)、不确定性(Uncertainty)、复杂性(Complexity)、模糊性(Ambiguity)的缩写,系统性、精确性和聚敛性是乌卡时代之前的世界的特征。一切问题都有规律可循,过去的结果可衡量,未来的走向可预测,世界仿佛处于一个完美状态。由企业主导变为由客户主导是商业世界进入乌卡时代的根源。不可捉摸的客户需求粉碎了持续增长的幻觉,层出不穷的替代产品打破了原有的价格体系,眼花缭乱的商业模式搅乱了成熟的价值体系。立足于目标管理的企业绩效管理,其核心任务就是寻求确定性,乌卡时代的到来考验着企业绩效管理的合法性。如果不能帮助企业从不确定性中发现确定性,企业绩效管理存在的价值将大打折扣。

2. 目标冲突难题

北京大学国家发展研究院的王超教授曾提出一个关于乌卡时代的问题:

持的否定之否定规律，现在的"区域化"和"洲际化"只是全球化进程的否定之否定阶段。全球化的底层逻辑是比较优势，理论上每个国家把各自的优势发挥出来，就会极大地提升全球商业的生产效率。之所以会出现逆全球化，是因为全球化在提升效率的同时并不能必然地产生分配上的公平，如果某些国家觉得全球化损害了本国的利益，全球化的格局就会被要求重塑。海尔提出生态品牌和"人单合一"模式的初衷是希望实现物联网时代的利益共享，可以天然地、自动地实现生态伙伴的共赢。通过生态品牌和"人单合一"模式的普及，不同区域的客户和资源方可以汇聚到一个平台上，各自基于自身的优势为平台贡献价值，并形成自组织、自驱动和自进化的激励机制，从而在实现效率提升的同时又可以保障利益的公平分配。

　　海尔坚持的量变与质变、对立统一和否定之否定的三大"确定性"法则，本质上是以客户价值为本，通过挖掘企业、平台和社会的价值，实现效率和公平的平衡。自组织、自驱动和自进化的激励机制让企业置身于变化之中，让变化成为常态，以变制变，从而使得确定性和不确定性成为对立统一的矛盾。

大步走向目标：企业绩效管理数字化

企业绩效管理数字化的核心命题是利用共享、连接、算力和人工智能等，解决不确定性、目标冲突、上下博弈和经验决策这四重难题。通过解决这些难题从而实现图 2-1 所示的目标：把握乌卡时代的确定性，依托以客户为先的价值评价体系重构企业价值，并借助用户扩散模型驱动的目标管理体系，洞悉未来的市场需求，形成利益相关方砥砺同行的基石；借助于数据自由流动的信息共享机制，培育自我驱动的责任体系，减少上下博弈和过度竞争等组织内耗；利用智能模型，促进数据驱动科学决策机制的形成，提升科学决策的能力。

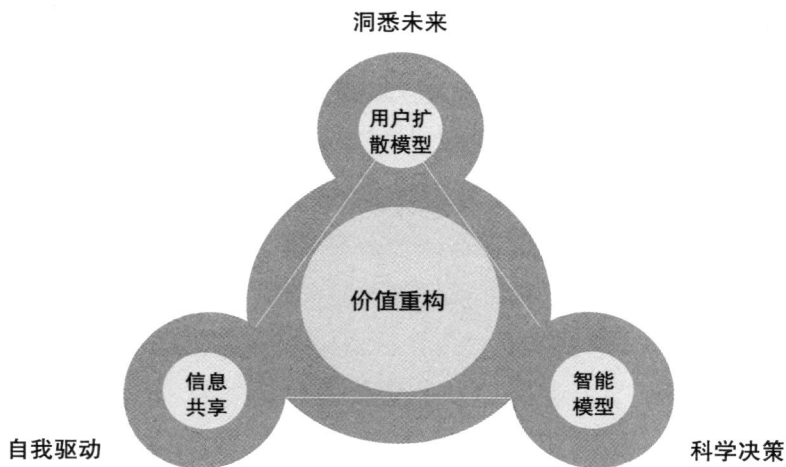

洞悉未来

用户扩散模型

价值重构

信息共享

智能模型

自我驱动

科学决策

图 2-1　企业绩效管理数字化目标

1. 价值重构的内涵

从不确定性中发现确定性的核心在于回归初心。稻盛和夫说："利他本来就是经商的原点。如果经营者是利他的，则眼前一片清晰，会走得很远，取得长远的成功。利他是什么？利他就是为社会做贡献，是人最高贵的行为。这是我一辈子践行的人生观。"但对于"什么是客户价值"这个问题，估计"一千个人眼中有一千个哈姆雷特"。客户价值如果不能被定义和衡量，大家对其有各自的理解，其不但不能成为企业应对不确定性的初心，反而会成为另外一种不确定性。另外，盈利是企业为客户、社会创造价值的前提，如果一个企业不能为股东提供回报，不能为员工提供报酬，其初心会成为妄想。所以，重构企业价值评价体系是企业绩效管理数字化的首要目标。新的价值评价体系不但要能把客户价值具象化、客观化，还要能把客户价值与企业价值和股东价值的关系显性化和数据化。只有这样，客户、企业和股东才能各得其所。

衡量指标是价值评价体系的核心，明确客户价值、企业价值和股东价值的衡量指标是重构价值评价体系的首要工作。企业价值和股东价值的衡量指标相对成熟，客户价值的衡量是重构价值评价体系的难点。在数字化时代，某个商品对客户的价值等于客户的体验效用减去客户对此商品的投入，例如，一辆汽车给予客户的体验效用是汽车给客户带来的便利性、舒适度、操控性等体验的综合，客户购买车辆的价格和支付的能源费用等使用成本是其投入，这辆车对客户的价值可表示为：

汽车对客户的价值 = $\sum$（便利性体验 + 舒适度体验 + 操控性体验 +⋯）- $\sum$（车辆购置价格 + 能源费用 + 停车费用 +⋯）

要准确衡量客户体验效用，需要先明确车辆的消费人群是谁，汽车的功能如何转化为客户的体验，不同客户看中的体验有哪些不同，体验如何量化，等等。要回答这些问题，需要使用客户画像等数字化技术。通过客户画像，客户行为转化为体验标签，各类型客户的偏好一目了然，对这些偏好进行指数化处理，客户体验效用就得以准确衡量，就能客观评价不同类型的客户价值。因此，构建以客户为先的评价体系是价值重构的关键举措。

2.基于用户扩散模型洞悉未来

（1）洞悉未来是坚持长期主义的前提

在统一的价值评价体系引领下，不同目标具备了协同的价值基础。相较于以股东为先的旧价值评价体系，以客户为先的新价值评价体系最大的不同在于其以长期主义为本。长期主义往往意味着选择走正确而困难的路线。当长期投入迟迟不见成效，逐利的资本往往会失去耐心，员工也可能会因为受挫而选择离开。要想把目标协同的可能变为现实，阶段性目标的实现必不可少。所以，增强目标的预见性是企业绩效管理数字化的第二个目标。目标的预见性体现在两个方面。一方面，为践行长期主义，目标要量化，特别是和客户价值相关的长期目标。量化的客户价值长期目标可以彰显以客户为先的价值观，也可反映企业对结果确定性的思考深度和把握程度。另一方面，为了让股东和员工坚持"长跑"，目标的优先级要透明化，要让利益相关人清楚地了解各阶段要达成的核心目标，以及这些目标的实现对自身利益的影响。

（2）为什么要引入用户扩散模型

提升目标预见性的核心在于对客户需求的精准预测。但预测客户的需求向来不是一件容易的事，特别是在创新的产品和服务方面。乐观者可能会被产品良好的外观、便捷性和新技术征服，他们倾向于做出需求较高的预测；而那些持怀疑态度的人可能会因为实用性低、配套度低和过高的价格倾向于给出需求较低的预测。为提升客户需求预测的准确性，美国学者伊利·欧菲克等人在《创新的价值》一书中提出了"用户扩散模型"。该模型把影响需求的个人动力和社会动力进行了结合，配合长期市场的潜力规模，赋予企业准确预测产品和服务的需求的能力。构建用户扩散模型驱动的目标管理体系是提升目标预见性的有效手段。

3. 信息共享赋能自我驱动

（1）自我驱动的利弊

建立自驱型的责任体系是企业绩效管理数字化的第三个目标。自驱型的责任体系鼓励员工独立思考并承担责任，通过创造以成就感和满足感驱动的激励机制、企业文化和工作环境来激发员工的自主性。自驱型的责任体系像动车组一样，每个责任单元都自带"动力"，在目标一致的情况下，组织效率可以得到显著提升。通过建立自驱型的责任体系，员工的工作态度从"被迫干"转变为"我要干"，围绕"少出力，多分鱼"而进行的上下博弈在一定程度上可以得到化解。当然，新的博弈和冲突也可能会出现，例如责任主体之间为了获取资源支持而展开的竞争，为了小团体的发展自驱组织的目标与企业总体目标发生的冲突。

（2）通过信息共享兴利除弊

既要发挥自驱型责任体系的优势，又要避免过度竞争等新的问题，利用数字化技术构建数据自由流动的信息反馈机制是必要的举措。借助于流动的数据，行业动态、企业战略、产品创新和业务运营等信息可以及时地在企业上下得以传播，博弈的结果都会体现在数据上，非增值行为从而被传播、被共享和被纠正。例如，配合OKR等目标数字化工具，员工和部门的目标如果和企业的目标存在差异，相关信息将会自动推送给对应的员工和部门，目标差异可以有效地消除。利用预算管理等工作协同工具，举措推进、项目进展、资源消耗和潜在风险等信息也能得以共享，部门间的协作能力将大大加强，存在的风险也会被提前识别。

4. 智能模型驱动科学决策

企业绩效管理数字化的第四个目标是建立数据驱动决策机制。数据驱动决策是指基于可量化目标或关键绩效指标，通过收集信息、从中发现规律和事实，并以各种方式实施有利于企业的战略和行动。谷歌的Oxygen项目就是一个非常典型的数据驱动决策的案例。谷歌从10000多次绩效评估中收集大量数据来识别高绩效管理者的共同习惯，并设计培训计划来帮助他们提高技能。谷歌采取这些举措后，管理者对企业的好感度从83%提高到了 88%。相较于经验决策，数据驱动决策可以更加灵敏地响应环境的变化，让企业避免个人价值观、认知和经验形成的信息茧房，基于事实和组织目标选择最有利于企业的决策。

当然数据驱动决策也不是万能的，企业不能让数据成为仲裁者。数据驱动决策的前提是有大量经过验证的数据和决策规则。毫无疑问，有更多数据支撑的决策将比依赖较少数据的决策更有优势。所以，为有效支撑数据驱动决策，构建基于大数据的决策模型是开展企业绩效管理数字化转型的必要举措。

大处着眼，小处着手：
数字化企业绩效管理框架

为构建价值型企业绩效管理体系，推动企业数字化转型工作的开展，有必要紧紧围绕企业绩效管理数字化目标设计一套如图 2-2 所示的实践框架。以客户为先的企业价值评价体系是该框架的"魂"，目标管理体系、责任体系和决策支撑体系是该框架的"骨"，数字化赋能平台是该框架的"血"。三者相互关联、相互作用。以客户为先的企业价值评价体系是精神内核，目标管理体系、责任体系和决策支撑体系是基础，数字化赋能平台是维持框架运行的能量。

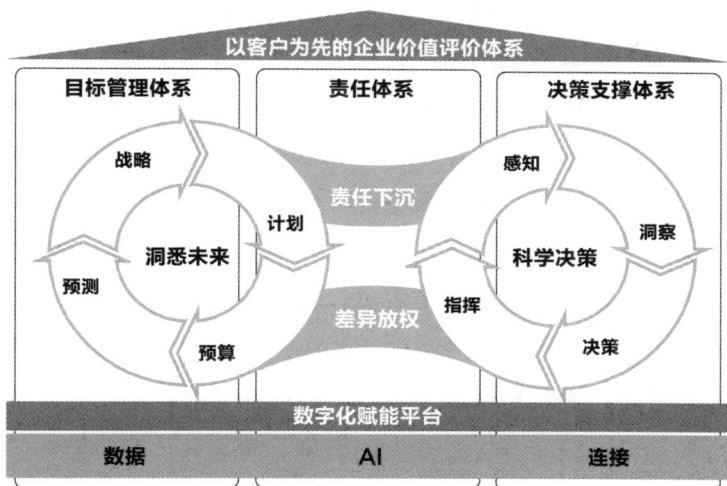

图 2-2　数字化企业绩效管理框架

以客户为先的企业价值评价体系强调企业应该将客户需求和价值放在首位，从而提高客户满意度和忠诚度，进而提高企业盈利能力。

1. 数字化目标管理体系

洞悉未来是目标管理体系的作用所在。目标管理体系可以帮助企业制定企业价值目标，并跟踪这些目标实现的进展。目标管理循环是洞悉未来的关键，战略、计划、预算和预测是目标管理循环的重要组成部分，它们相互关联、互相作用。战略环节的关键任务是确定企业长期发展方向，制定企业未来的发展目标。计划环节的关键任务是在企业战略基础上制定行动计划，包括短期计划、中期计划和长期计划。计划需要明确目标、任务、责任、时间、资源等要素，使得企业能够有针对性地采取行动。预算环节的关键任务是在行动计划的基础上制定财务预算，包括收入、支出、投资、利润等方面的预算。预算需要反映企业的战略和行动计划，确保企业有足够的资金支持实现目标。预测环节的关键任务是在现有数据和趋势的基础上，对未来发展进行预估和预测。预测可以帮助企业预测市场和竞争对手的动态，从而制定更好的战略和计划。四个环节相互关联，构成一个完整的目标管理循环。

2. 数字化决策支撑体系

目标管理体系着眼于未来，决策支撑体系聚焦于当下，在这两个体系的支撑下，企业就有了"大处着眼，小处着手"的依托。在数字化技术的加持下，企业的决策支撑体系可借鉴军事决策体系的构建思路，形成由感知、洞察、决策和指挥四个环节构成的决策闭环。这种决策支撑体系的主要优势在于它具备了全面性、科学性和有效性，能够提供从信息收集到执行决策的一系列决策支撑，使决策制定和执行更加有效、精准和灵活。感知环节通过对外部信息的探测、收集和监控，获取各种形式的信息和数据，支持后续决策制定。洞察环节对收集到的信息进行加工、分析和解释，以便获得更深入的理解。洞察环节通常借助各种分析手段、模型和算法，以便发现信息之间的联系和规律，提炼出有用的信息和知识。决策环节基于洞察和分析的结果，做出具有意义和影响的决定。决策涉及各种层面和领域，包括战略、战术、运营、管理等决策，指选择最佳的方案和行动方式，达到既定的目标和效果。指挥环节是在决策制定之后，对执行决策进行指导和控制的环节。指挥环节涉及各种组织、协调和领导手段，以确保决策得以顺利实施，最大限度地发挥资源的效能和优势。

决策支撑模型是决策支撑体系的数字化大脑，借助于数学模型和算法等手段，辅助决策者对问题进行分析、评估和预测，提供决策者决策所需的信息和建议。常见的决策支撑模型包括以下几种。

①决策树模型（Decision Tree Model）：根据问题的特征和选择，将问题分为多个不同的决策路径，并给出每个路径的结果及其概率。

②人工神经网络模型（Artificial Neural Network Model）：基于人工神经网络理论，通过对大量数据学习和训练，预测未来的发展趋势和结果。

③线性规划模型（Linear Programming Model）：利用线性代数和数学优化理论，对问题的限制和目标进行建模，以求得最优的决策方案。

④多目标决策模型（Multi-objective Decision Model）：考虑多种目标和约束条件，通过建立多个优化模型，找到一组最优解决方案。

⑤专家系统模型（Expert System Model）：利用专家知识和经验，对问题进行分析和诊断，给出决策建议和解决方案。

3. 数字化责任体系

责任体系是目标被承接和落实的保障，也是决策支撑体系的赋能对象。责任体系的建立可以有效地实现企业内部的分权管理，将企业的各项任务和责任进行有效的分配和管理。相较于传统企业绩效管理对管理和控制的重视，数字化企业绩效管理更加看重组织的自驱性，责任下沉和差异放权是其基本特点。通过建立"小微组织"，企业一方面可以让更多员工成为企业的主人，激发他们的工作热情和创造力，实现企业和员工共赢；另一方面可以提升组织的灵活性和创新性，使得企业可以根据市场的变化灵活调整战略和目标，快速响应客户的需求。责任下沉在增强组织活力的同时，也会带来诸如决策难以统一、信息不对称加重、风险失控、职责不清和管理成本增加等问题。因此，放权时需要进行适当的平衡和控制，差异放权是责任下沉的前提。对不同对象、不同领域、不同环节、不同风险等进行有针对性的、差异化的管理和控制，可以更好地把握不同环节和对象的特点和规律，有效地控制风险和提高质量，为企业创造更加灵活、多样化的管理模式，为企业的创新发展提供更多可能性和更大空间。

信息共享是促进责任下沉和差异放权的关键。信息共享有助于企业建立有效的内部沟通和协作机制，确保绩效评估机制高效运作，促进企业高质量发展。在数字化时代，除了构建内部沟通、协作和学习的社交网络和知识库之外，形成面向分析的数字化平台是增强信息共享能力的必需。数字化平台可以将企业内部各个业务系统中分散的数据集成起来，实现数据的标准化、共享和复用，提升企业的数据价值和运营效率。数字化平台还可以统一数据标准和定义，确保所有业务系统中的数据格式和结构一致，从而方便不同业务部门之间共享数据和信息。数字化平台也可以将不同系统中的数据集成到一个数据湖中，从而解决数据孤岛的问题，提高数据的可用性和共享性。另外，利用数字化平台的标准数据访问接口和数据服务，可以提升获取数据的便利性，促进信息共享和交流。数据的质量和完整性在数字化平台也可以得到监控和管理，从而确保数据的准确性和一致性，提高信息共享的可靠性。

＜案例＞

某多元化集团企业绩效管理数字化转型战略

某多元化集团企业为了快速提升企业市值，一度通过"买买买"的方式，快速成为坐拥 8000 亿元资产，业务涵盖房地产、医药、文旅、保险、矿产、金融投资等多个行业的庞大商业帝国。

然而，高速扩张的背后，该企业的资产负债率超过 74%，计息银行借款及其他借款总额达到 2600 多亿元，甚至超过了其净资产总额。2022 年，房地产行业遇冷、文旅业务遭受冲击，该企业旗下两大业务板块接连受挫，如何迎接即将到来的偿债高峰成了企业面临的巨大挑战，企业扩张的步伐戛然而止。

从"买买买"到"甩卖"资产还债，其中固然有外部环境的影响，但与企业内部管理，特别是企业绩效管理跟不上企业战略转型步伐也有很大关系。

长期以来，该企业把行业地位（在细分领域排名前列）、投资收益（发展潜能大及投资回报高）、资金债权风险及归母公司的净利润作为其下属板块的经营管理目标。对于投资型集团企业，下属板块具有较强的投资属性，集团层更注重的是下属板块在一定阶段所产生的回报率。

但是当企业希望打通生态系统的"经络"，通过好产品和先进技术在生态内的流动和连接，把庞大的消费者汇聚起来，从而实现从投资型集团向生态平台转变的时候，以"投资回报"为先的弊端就显现出来：集团层对多种业务形态的经营能力较弱，且很难通过集团内部的资源共享实现"1+1>2"的投资收益。

因此逐步进行资源重组、强化业务板块间的联动效益成为该企业绩效管理的重要工作。只有实现业务板块间的"经济协同"，才可能创造更大的价值空间。也就是说，企业必须要识别出图2-3所示的业务板块微笑曲线，即识别出哪些业务板块具有较强的资金能力，哪些业务板块可以为企业带来稳定的现金流、有较强的引流能力，哪些业务板块有稳定的盈利能力。只有各个业务板块各司其职、经济协同，才能更好地支撑多元化集团企业的稳定运营。

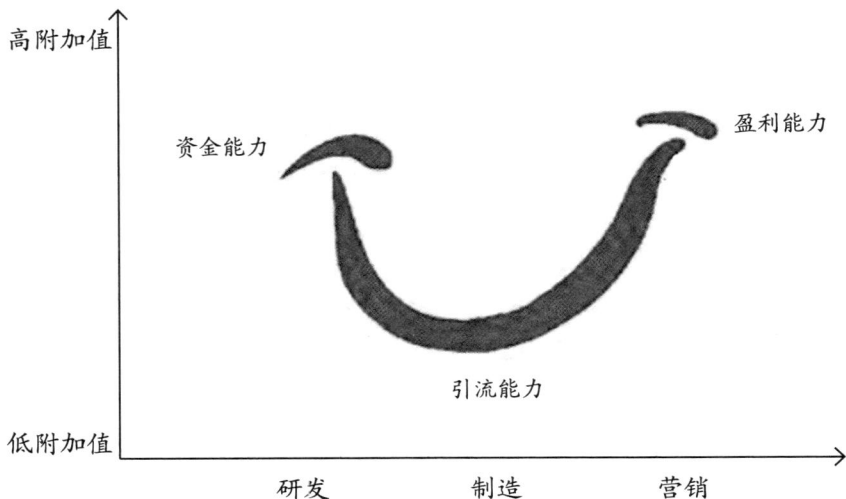

图 2-3　业务板块微笑曲线

在新的企业绩效管理诉求指引下，企业推行了"瘦身健体"战略。企业对于那些偏离核心目标的业务，果断择时出售；专注于优质资产，以确保业务的持续增长，特别是那些具有稳定现金流和利润增长潜力的业务。在出售一些非核心业务的同时，企业持续聚焦于家庭消费主业，对医药、文旅等长期深耕的重点产业加大投入，以实现更高质量的发展，确保稳定地赢利。为了实现业务板块间的联动，企业打造了协同系统，从客户端导入所有的 C 端客户，在全生态范围内进行精准匹配，产品端则聚合全产业的产品，最终实现跨产业的流量互联和会员服务的横向打通。

每一个运营单元在选择自身的核心产品后，就很难改变赛道，这就决定了其发展与行业的兴衰有着较强的关联性，因此，打磨自身的业务发展模式、提升产品竞争力就成为其核心经营管理目标。集团层需要根据行业情况，自身的资金储备、市场拓展能力、产品研发能力等，适度增加或削减其上下游业务，从而确保核心业务稳定发展及全集团整体利润的实现。因此，集团层提升了对产品及客户运营的关注度，进而，在设定目标及管控过程中，集团层会更注重盈利能力、产品毛利水平、业务板块间的价值链联动等。

为了实现成功经验可复制、可推广，企业打造了图2-4所示的以客户为中心的管理体系，并通过数字化转型实现了系统落地。

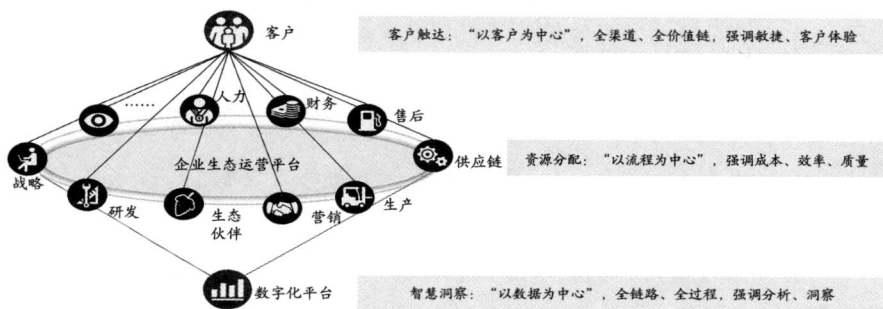

图2-4 以客户为中心的管理体系

该管理体系的核心是构建一个以客户为中心的数字化运营生态系统。

首先，确保全方位客户触达，意味着企业需通过多渠道交互，包括线上线下的融合，来提高客户参与度，不断优化客户体验，使服务更加个性化，从而在竞争激烈的市场中稳固地位并扩大客户基础。

其次，强调"以流程为中心"的资源分配，意在重新设计内部工作流程并使其自动化，运用数字化工具减少成本、提升效率与服务质量。这不仅涉及生产、供应链管理的智能化，也涵盖了利用云计算、AI等技术对人力资源、财务等后台职能的重塑，以支撑前端的快速响应和创新。

最后，"以数据为中心"的智慧洞察，即通过大数据分析、机器学习等手段，从海量运营和市场数据中提炼出有深度的见解。这些见解对市场趋势预测、客户细分、定制化产品开发及精准营销至关重要，可助力企业在决策中融入数据智慧，驱动更加科学和具备前瞻性的战略规划。

作为企业的"数字化无形资产"的企业数字化平台，由于支撑着从目标下达、业务运营到绩效管控的一体化数据体系，且与各系统应用之间实现实时数据传送，因此，可以很好地支持企业数字化经营决策，企业不再只依赖"拍脑袋"盲目制定目标，更多的是"用数据说话"。在技术上，该平台具有以下特点。

应用轻量化：系统应用逐步轻量化，主要用于收集数据、审批流转及提升客户体验等，而重要的数据处理流程、逻辑应用等均沉淀到企业数字化平台上。这不仅可以有效提升客户体验，也能减少前端应用系统的负担，并且可以为未来企业作为社会数字生态圈的一部分做准备。

数据实时化：系统应用与统一的数字化平台之间可以实现实时数据传送，从而打破系统间壁垒，大量减少系统之间繁杂且效率低下的数据传输，为实时支持决策服务奠定基础。

企业数字化平台：利用人工智能等技术，促进企业管理的个性化、社交化、智能化，从而提供更为高效的企业经营管理数据支撑。

3

以客户为先的企业价值
评价体系

▶ 为顾客酿造出更美味的清酒

相信大家对獭祭应该不陌生，但估计很少有人知道獭祭这个品牌只有30多年的历史。该品牌创立时，清酒行业已经开始走下坡路，可谓生不逢时。是什么样的力量让一个濒临倒闭的小酒厂起死回生，并且带动日本的清酒行业重新走向巅峰？《獭祭的口头禅》告诉了我们答案：为顾客酿造出更美味的清酒。

獭祭的创始人叫樱井博志，他从父辈手里继承了一家名叫旭酒造的小型酿酒厂。因为大环境不好，他家的酒又没什么特色，酒厂面临着随时停业的窘境。为了继续经营下去，樱井博志想尽了办法，把酿造葡萄酒的方法引入清酒的酿造中，得到了一些年轻人的追捧。但由于他总是追风口，产品没有传承性，没有得到客户积累，酒厂的经营情况不理想。1990年，樱井博志创造了獭祭这个新品牌，他砍掉了其他产品线，专注于酿造纯米大吟酿。秉承为顾客酿造出更美味的清酒的价值观，獭祭不再追求博人眼球，而是一切都为顾客着想。在獭祭，只要能提升产品的口味和质量，成本就不会摆在第一的位置。樱井博志表示，他不太关心成本这件事。生产和经营中的浪费是应避免，但没必要刻意去降低成本。如果为了削减成本，而降低了产品的质量，就背离了为顾客酿造出更美味的清酒的初心。所以，獭祭选用的大米，是被誉为酒米之王的山田锦。在实现酿造过程的数据化管理之后，獭祭的员工数量却是同等规模酒厂的两倍。因为樱井博志相信，要酿出高品质的清酒，就得用最好的原料，就得投入人力，去做更精细化的事情。

在把为顾客酿造出更美味的清酒作为首要目标之后，许多观念上的束缚带来的难题就迎刃而解了。比如是否要遵从传统，如果遵从传统不能酿出更美味的清酒，那就没必要执着于传统。樱井博志像做实验一样，把清酒的制造流程，如碾米、洗米、蒸米、酿造、装罐等数据化，通过不断地试错和改进，摸索出了一套不依赖经验和直觉，而是依靠数据管理的酿酒模式。在精密控制酿酒环境温度的情况下，原本只能在冬季启动的酿酒工作，现在一年四季都可以开展。

　　獭祭品牌打造的过程就是以客户为先的企业价值评价体系的建立过程。"为了顾客"是獭祭做一切工作的出发点和落脚点，也是以客户为先的企业价值评价体系的核心诉求。

"以客户为先"如何让利润加速提高

　　某咨询公司通过调研得出，"以客户为中心"的公司与其他公司相比，利润提高了60%。但美国首席营销官发展理事会的数据却显示，只有14%的营销人员表示公司做到了"以客户为中心"，且只有11%的营销人员相信公司的客户会赞同这一说法。既然"以客户为先"能显著提升公司的效益，那为什么其只有在少数公司能得以执行呢？这背后的逻辑是什么？

1. 要从两个方向理解客户价值

　　客户价值可从两个方向理解，从企业到客户的方向为客户让渡价值，从客户到企业的方向为客户关系价值。客户让渡价值是指客户获取总价值与客户付出总成本之间的差额。客户获取总价值是指客户购买某一产品或服务所期望获得的利益，包括产品价值、服务价值、人员价值和形象价值等。客户付出总成本是指客户购买某一产品所耗费的时间、精神、体力及所支付的货币资金等，因此客户付出总成本包括时间成本、精神成本、体力成本及货币成本等。客户关系价值是客户在客户关系生命周期内给企业带来的价值，是企业发展、培育和维护与客户的关系的过程中，由客户带给企业的收益。客户关系价值和客户让渡价值是客户价值的一体两面，是企业在价值创造过程中产生的两种结果，二者相辅相成，缺一不可。客户让渡价值是客户关系价值产生的前提，一个企业如果不能给客户带来与竞争对手相等或比竞争对手更多的客户让渡价值，客户就不会选择这个企业的产品。但如果更多的客户让渡价值无法给企业带来持续的客户关系价值，这个客户或客群就不是企业真正的目标客户或客群。

大多数号称以客户为先的企业之所以不能做到知行合一，是因为他们通常只想使客户关系价值最大化，而不愿在客户让渡价值方面做出牺牲。站在企业的角度，要提升客户让渡价值，就必须以更低的价格提供更好的产品。从短期看，企业的效益会因为让渡给客户更多的价值而受损。在利益面前，"以客户为先"很容易变成冠冕堂皇的口号。

2. 让利润加速提升的企业价值创造范式

为引导企业建立起真正的以客户为先的企业价值评价体系，价值型企业绩效管理的首要任务是把成功企业的底层逻辑总结为可遵循的范式。通过引入图 3-1 所示的范式，企业可以明确绩效管理所追求的价值目标是什么，达成价值目标的路径是什么，不同利益相关者的价值如何平衡。

企业、员工和股东让渡价值给客户

客户价值	客户让渡价值		客户关系价值贡献	
	客户获取总价值	客户付出总成本	客户当前价值贡献	客户未来价值贡献
企业价值	提升客户价值投入		企业自身创造的客户全生命周期价值	
	减少客户付出成本		第三方合作伙伴创造的客户全生命周期价值分成	
员工价值	体力和智力投入		工资与福利	
	忠诚和信任投入		学习与成长	
股东价值	初始投入		股利分红	
	时间与风险成本		股权增值	

客户回报价值给企业、员工和股东

图 3-1 以客户为先的企业价值创造范式

以客户为先的企业价值创造范式以客户关系价值最大化为目标。企业、员工和股东让渡价值给客户是"因"，客户回报价值给企业、员工和股东是"果"。从"因"到"果"是一次飞跃，跨过去的企业可能实现基业长青，跨不过去的企业可能面临万丈深渊。价值型企业绩效管理的初心就是要锚定客户关系价值，并把此作为抓手推动企业的价值管理，在客户关系价值最大化的前提下，实现客户价值、企业价值、员工价值和股东价值的平衡发展。

长期主义是以客户为先的企业价值评价体系落地的前提。企业要想使客户关系价值最大化，只有先付出，通过提升客户让渡价值与客户建立起长期信任关系，才能获取重复购买、交叉销售、成本节约和推荐等客户未来价值。这是亚马逊、华为等企业的成功之道，也是以客户为先的企业价值评价体系的核心逻辑。

不同利益相关者价值的平衡发展是以客户为先的企业价值创造范式落实的保障。提升客户价值投入和减少客户付出是成本企业提升客户让渡价值的主要途径，这些都离不开员工和股东的投入。如果投入迟迟得不到回报，员工和股东提升客户让渡价值的动力和耐心也会逐渐消磨殆尽。企业、员工和股东的回报均源自客户关系价值，实现不同利益相关者价值的均衡发展，关键在于适时地把客户关系价值转化为回报员工和股东所需的现金流、利润。

＜案例＞

星巴克的"长青主义"

在红杉全球执行合伙人沈南鹏与星巴克创始人霍华德·舒尔茨进行的一场围炉夜话中，沈南鹏问："星巴克在全球一直享有盛誉，谈及投资，我们总是会说要投资那些具有长青主义精神的公司，星巴克就是典型代表。在过去的三十到四十年间，你们如何提升品牌的知名度，并且让星巴克真正成为历久弥新的公司？"

霍华德回答："要建立一个影响力持久的品牌，你必须要获取各方的信任与认可。你与你的伙伴彼此信任，与你的顾客彼此信任，与你的供应商彼此信任，等等。"

星巴克也确实是这么做的。

1999 年星巴克在中国刚开设门店时，顾客对咖啡几乎一无所知。但在20 多年后的今天，星巴克在中国的门店数量达到了 6000 多家。星巴克成功的原因很多，其中"尊重他人"的价值观功不可没："我想要为自己创造机会，我想让我的家人为我感到骄傲。我想在一家公司工作，这份工作能够让我在晚上回家时感到心满意足、有成就感，我所做的事情让我感到充实和自豪。"

在这种通过咖啡传递尊重的文化加持下，从一开始，星巴克就从顾客体验的角度来考虑以下问题：当顾客走进星巴克门店时，会发生什么？顾客能获得的非语言的信号有哪些？星巴克通过富有格调的门店设计、店内播放的音乐和令人愉悦的醇香咖啡，给顾客提供品尝咖啡的场所，带来社区氛围感，为顾客打造家与工作场所之外的第三空间。后来，星巴克的门店成了顾客家庭和办公场所的延伸，让顾客意识到：这是我想要再次光顾的地方，我想与朋友分享这种体验，星巴克带给我快乐，这里充满了友善和爱。

星巴克认为给予顾客尊重的前提是把员工当作伙伴。霍华德在创建公司时就认为理想的公司应该是能够给所有的员工提供医疗保险和股权的公司。因此，他把一部分股权分给员工，并给他们上医疗保险。从某种意义上说，这将会稀释股东的股权，但是霍华德觉得这是具有增值性的投资。

这些理念不但在公司发展好的时候得到了贯彻，在公司处于危机时也得到了坚持。2008 年金融危机期间，星巴克处于非常艰难的境地。当时一个机构股东打电话给霍华德说："霍华德，现在是你取消员工医保的最佳时机。"但是，霍华德拒绝了。然后这位股东说："当下一个季度的股权市值报表出来时，你会看到我们将把投资额削减到几乎为零，原因是你不愿意取消员工的医保。"事实上，在下一个季度的时候，几乎一半的股东价值都蒸发了，但是霍华德认为他做出了正确的决定，尽管这个决定非常艰难。

星巴克对顾客、员工的尊重是对以客户为先的企业价值评价体系良好的诠释。盈利并不是星巴克的唯一目标，它只不过是价值观和发展价值的外在体现。星巴克的文化、价值观以及行为准则是其成功的基石。

不可轻视的企业价值生态重构

1. 企业价值生态重构意味着什么

　　建立以客户为先的企业价值评价体系既是企业在乌卡时代应对不确定性的选择，也是企业为主动拥抱数字化变革而进行的价值生态重构。企业价值生态如图 3-2 所示。企业价值生态重构有三层含义：第一层含义指价值导向从股东向客户转移，为客户和社会创造价值的企业才能为股东带来价值；第二层含义指价值来源更加多元，价值创造过程从企业自身向开放的生态扩展；第三层含义指价值分配焦点从当前价值向未来价值转移，坚持长期主义的企业通常会得到更多的回报。

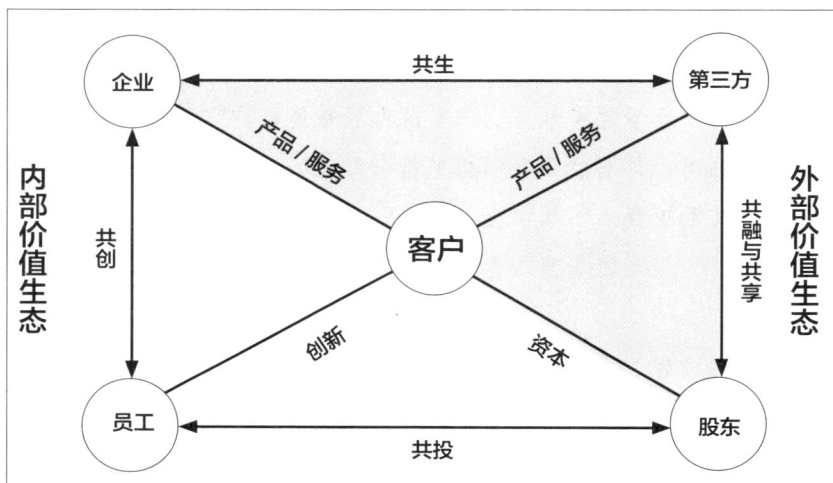

图 3-2　企业价值生态

2. 企业价值生态重构方向

客户关系价值最大化是企业价值生态重构的目标，共生、共创、共投及共融和共享是价值生态重构的方向。

（1）共生

共生意味着企业与企业的关系从"存量竞争"向"增量竞合"转变。企业和企业之间不再围绕既有客户和既有需求相互恶性竞争，而是通过共同发掘新客户、新需求和新价值，在提升客户关系价值的前提下良性竞争和协同合作。"增量竞合"分为三个层次：价值链协作、产业链协同和生态链共赢。价值链协作一般通过提升主导企业产品和服务的竞争力而让链条上的协作方共同受益，耐克和它的代工企业属于此类；产业链协同一般通过提高产业链终端产品和服务的市场渗透率而让链条上的协同方一起发展，电动汽车的整车企业、电池企业和充电桩企业等属于此类；生态链共赢一般通过构建新的生产或生活关系价值而让链条上的伙伴共赢共生，苹果和它的生态伙伴属于此类。

（2）共创

共创意味着企业与员工的关系从"单向雇用"向"相互成就"转变。员工加入企业的目的不再仅仅是"养家糊口"，而是把企业作为成就自己梦想的平台。企业也不再仅仅把员工作为干活的"工具人"，而是把他们作为"创意精英"。在为客户创造价值的统一目标指引下，企业和员工结成利益共享和风险共担的共同体。发现和挖掘客户需求成了员工的职责，企业成了员工实现创意的投资人和保障平台。海尔的"人单合一"模式、华为的"奋斗者"文化和谷歌的"20% 自由时间"都是共创的典范。

（3）共投

共投意味着员工和股东不再泾渭分明，员工可以成为股东，股东也可以成为员工。员工股东化是促进共创的有效手段，一方面使员工创意价值可以得到有效保障，另一方面使核心员工可以得到有效保留。在企业的初创期，员工股东化也可以为企业节省宝贵的现金流。在互联网企业，股权激励已成为薪酬的一项主要组成部分，例如一部分亚马逊员工持有的股票价值占其总收入的 50%。股东员工化在以往通常是强化管控的一种手段，股东通过指派核心管理人员参与企业经营，掌握内部信息，影响关键决策。而现在，越来越多的股东为了构建生态而参与企业的日常经营，他们依托资本纽带，通过战略方向制定、商业模式设计和业务协同等方式把可以产生协同效应的企业整合为价值链、产业链和生态链。

（4）共融与共享

共融意味着企业和第三方伙伴依托股权等关系形成联盟，相比依托共同客户形成的协作关系，共融联盟关系更加紧密，企业间的合作可以更加深入。共融也给共创项目创造了发展空间，当内部资源或机制不能满足内部创业项目的发展时，可以通过共融的方式把共创项目发展为独立的公司，实现生态链的自裂变和自进化。

共享意味着价值生态参与方的利益诉求都会被关注和照顾。在做大客户关系价值这一"蛋糕"的基础上，企业和第三方通过共生可以分享"蛋糕做大"带来的价值。

企业和员工通过共创可以分享业务成长带来的价值，员工和股东通过共投可以分享估值增长带来的价值，股东和第三方通过共融可以分享资源互换带来的价值。

对于企业绩效管理来讲，为支撑重构的价值生态，价值评价体系、目标管理体系、决策支撑体系和责任体系也都需要重构。价值评价的导向要从短期结果转变为长期共赢，目标管理的重点要从财务预算转变为价值规划，决策支撑的焦点要从价值链转向产业链和生态链，责任管理的抓手要从资源管控转变为生态赋能。

< 案例 >

柯尼卡美能达通过"以客户为先"引导价值生态重构

柯尼卡美能达为行业领先的数字化整合增值服务商，由两家百年企业柯尼卡和美能达于 2003 年经合并形成，目前在 A3 彩色复合机和彩色数码印刷设备等领域处于行业领先地位。

随着全球经济进入数字化时代，数字化革新成为企业未来生存发展的必经之路。2017 年柯尼卡美能达提出新中期经营计划《进化 2019》，向"课题提案型数字企业"进化，借助"One Konica Minolta"的集团战略，洞察客户的潜在课题，协助客户业务转型，成为为人类社会的进化不断创造新价值的企业。

过去的柯尼卡美能达是典型的 B2B 企业，它拥有信息设备、功能材料、医疗保健、工业光学四大核心业务，然而，不同的事业部之间难免出现沟通障碍、资源浪费的现象。为了实现"课题提案型数字企业"的变革，柯尼卡美能达提出了 B2B2P4P（Business to Business to Professional for Person）战略模型。其中，"B2B"指企业级业务，"2P"中的"P"指柯尼卡美能达客户的员工，"4P"中的"P"指柯尼卡美能达客户的客户。采用这种战略模型意味着柯尼卡美能达从以往只销售复印机、打印机，仅和采购部联系，转变为提供 Workplace Hub，和诸多部门发生联系，如 IT 部、人事总务部、业务部、财务部、制造部、采购部等，从而诞生出新的商业模式 Customer Lifetime Value。这种商业模式不仅能削减企业成本，更能改善内部工作流程和生产方式，最终助力客户持续发展。

作为 B2B2P4P 战略计划的实施者之一，柯尼卡美能达办公系统（中国）有限公司董事长炭谷忠彦说："我们贯彻 B2B2P 来创造价值，然后通过 P 与 P 的共生，来实现人类社会的进化。"在他看来，柯尼卡美能达在每个行业、业态中扮演着"赋能者"的角色，这个战略的提出是为了更好地赋能专业人士，如商务人士、制造业或印刷业专业人士、设计师、看护者、医生，专业人士再赋能终端用户，从而实现价值链的闭环。

如今，结合边缘计算和物联网（Internet of Things，IoT）技术，柯尼卡美能达推出了跨越式创新的成果——One Konica Minolta 平台。该平台整合了柯尼卡美能达几乎所有的业务，包括工作方式变革、护理支持、数字化生产、医疗保健 IT、状态监控、商业印刷等，其中边缘计算 IoT 平台 Workplace Hub 和应用平台 MarketPlace（应用市场）是它的重要组成部分。该平台未来将成为柯尼卡美能达今后所推出的一切 IoT 设备、IT 服务业务的集合平台。用户可通过平台上的 MarketPlace，随时随地、轻松安全地利用各种服务。

从普通商务用户到制造业、医疗行业、教育行业等各行业用户，Workplace Hub 都能协助其实现数字化变革，同时也可实现企业内各种 IT 工具、服务和设备的高效统筹管理，在企业内网、外网和云端实现高效和安全的信息传递，同时使业务流程可管理、可优化。它能让柯尼卡美能达完全发挥业务优势。

此外，为了更好地支持业务转型，柯尼卡美能达以 IT 部和人事部为中心展开了一系列工作改革，包括通过跨职能项目体制来推进打造"丸之内二丁目"新型办公室，为企业、客户及员工建立能够创造新商务的"舞台"；以"零保存文件活动"减少全企业的纸质文件，并在全企业范围内开始推行远程办公；结合 IoT 技术，提高生产现场能力；在日本的国内运营业务（服务台）中引进聊天机器人及实行 Free Address（无固定工位）制度以追求工作效率及质量的提升等。

柯尼卡美能达的"SHINKA"是以"Ikigai"（生活意义，人生价值本源）的进化为目标的，从整体到个人，最终达到整个社会的"SHINKA"。在经历了合并经营和探索发展之后，柯尼卡美能达正行走在数字化变革的前沿，始终与客户在商业浪潮中共进退，并不断为人类社会创造新价值。

建立以客户为先的企业价值评价体系真的不难

传统的价值评价也叫业绩评价，一般以收入和利润等财务指标作为衡量价值的指标。股东用这些指标评价企业的价值创造能力，企业用这些指标评价责任单位和员工的价值创造能力。这些评价会定期开展，评价结果通常和员工的薪酬和发展挂钩。对于以客户价值为先、以生态价值为本、以未来价值为大的重构生态来讲，注重短期结果的传统评价方法已经不能适应其需要，甚至可能会适得其反。

1. "二维四象六方"企业价值评价体系

把"价值""长期""共赢"等理念量化，是构建以客户为先的企业价值评价体系的关键，可使价值评价体系各要素的好与坏、多与少有明确的评价依据，各要素之间的依存关系得以量化，评价结果得以分析和追踪。

基于以客户为先的企业价值创造范式所提出的客户价值转化关系，结合重构价值生态各方的诉求，可构建图 3-3 所示的"二维四象六方"企业价值评价体系。

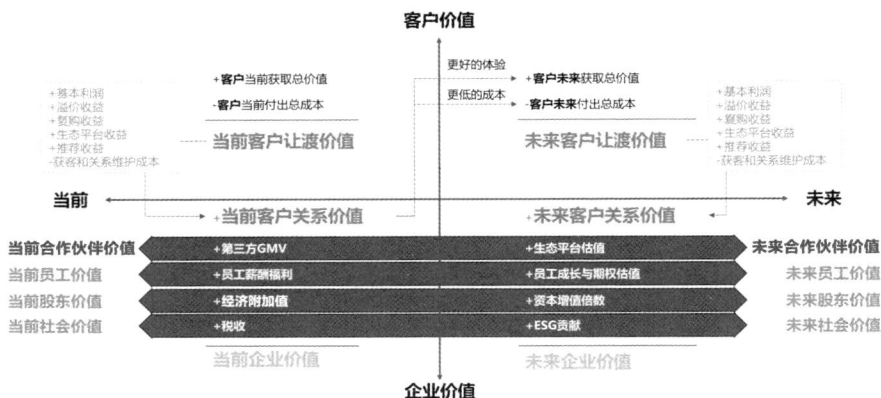

客户价值

| | +客户当前获取总价值 | 更好的体验 | +客户未来获取总价值 | |
| +资本利润
+溢价收益
+复购收益
+生态平台收益
+推荐收益
-获客和关系维护成本 | **客户当前付出总成本**

当前客户让渡价值 | 更低的成本 | **客户未来付出总成本**

未来客户让渡价值 | +基本利润
+溢价收益
+复购收益
+生态平台收益
+推荐收益
-获客和关系维护成本 |

当前 ←──── +当前客户关系价值 ←──── 未来客户关系价值 ←──── **未来**

当前合作伙伴价值	+第三方GMV	+生态平台估值	**未来合作伙伴价值**
当前员工价值	+员工薪酬福利	+员工成长与期权估值	未来员工价值
当前股东价值	+经济附加值	+资本增值倍数	未来股东价值
当前社会价值	+税收	+ESG贡献	未来社会价值

当前企业价值　　　　　未来企业价值

企业价值

图3-3　"二维四象六方"企业价值评价体系

"二维"由价值维和时间维构成。基于"二维"可生成"四象"：当前客户价值、未来客户价值、当前企业价值和未来企业价值。"二维四象"体现了企业价值创造的本源及其相互转化关系。"四象"构成了一个价值飞轮，企业让渡价值给客户，客户回馈价值给企业，企业在当期让渡给客户的价值越多，客户在未来回馈给企业的价值也越多。但要让飞轮持续转下去，均衡地分配价值也是必不可少的。基于"四象"，企业价值评价体系把客户、企业、合作伙伴、员工、股东和社会"六方"作为计量和评价对象，可以得出以下等式：

企业价值 = 客户关系价值 + 合作伙伴价值 + 员工价值 + 股东价值 + 社会价值

2."二维四象六方"企业价值度量方法

（1）客户关系价值度量方法

准确评价客户关系价值是以上等式落地的关键，也是度量的难点。基于对客户关系价值的度量和评价，一方面，企业可以掌握前期客户关系管理带来的回报，借以复盘前期的战略方向、客户策略和产品策略是否得当及执行情况；另一方面，企业也可以依据客户关系价值对客户进行选择，从而更精准地定位客户群体。对于长期无法带来基本利润的客户，企业可以视其为负价值客户，如果这部分客户在未来也无法产生交叉销售、推荐收益等价值，企业可以考虑逐步减少对维护与该类客户关系的投入。对于既可以在当期带来溢价收益，未来又能持续产生价值的客户，企业可以视其为核心客户，未来在维护客户关系方面的投入要向他们倾斜。客户关系价值的计算公式为：

客户关系价值 = 基本利润 + 溢价收益 + 复购收益 + 生态平台收益 + 推荐收益 − 获客和关系维护成本

对基本利润、溢价收益和复购收益的评价机制已经相对成熟，此处不赘述。在数字经济时代，生态平台收益成为未来客户关系价值的重要来源。以苹果公司为例，从 2008 年到 2022 年，苹果累计向 App store 开发者支付了 3200 亿美元，预计到 2030 年，该支出可达万亿美元。苹果自身在 2008 年至 2022 年获取的佣金达到了 1250 亿美元。通过客户、合作伙伴和商品的聚合，满足客户"一站式"需求和为客户节省成本是平台经济得以成立的商业逻辑。生态平台收益的计算公式为：

生态平台收益 = 企业内部生态收益 + 企业外部生态收益

企业内部生态收益主要来源于交叉销售，提高企业产品消费额占客户总消费额的比例是评价的短期目标，激发内部组织不断满足客户需求的创造力和自我进化能力是评价的长期目标。企业外部生态收益主要来源于合作伙伴收入分成，提高企业外部生态收益增长速度是评价的短期目标，增加客户价值获得感和持续降低客户付出成本是评价的长期目标。推荐收益的计算公式为：

推荐收益 = 推荐客户数量 × 转化率 × 新客户价值

企业自身引流和老客户推荐是企业获取新客户的主要渠道。相比企业自身引流，老客户推荐有获客成本低和转化率高的优势。通过对推荐收益的评价，老客户的未来关系价值得以显性化，客户关系运营的成果也得以衡量。在评价推荐收益的基础上，企业还可进一步对客户进行筛选，从而持续提高客户质量。

客户生命周期内客户关系价值的折现就是客户关系未来价值。未来客户关系价值是企业实现持续增长的根本，也是资本市场对企业市值进行估价的重要依据。

未来客户关系价值 = $\sum$ { 客户 t 年度的关系价值 / (1+ 折现率) }
(t=1，2，…，T)

（2）客户让渡价值度量方法

在保障企业有足够现金流的情况下，通过牺牲当前客户关系价值为客户提供更多的让渡价值，从而提升未来的客户关系价值是践行"以客户为先"必须坚守的原则。因此，准确度量客户让渡价值也是构建企业价值评价体系的重要内容。

客户让渡价值的评价是客户基于使用目的、使用环境和感知结果得出的综合判断，是客户是否购买商品的决策依据。客户让渡价值可通过以下公式度量。

客户让渡价值 = 客户获取总价值 − 客户付出总成本

客户获取总价值 = 产品价值 + 服务价值 + 人员价值 + 形象价值

客户付出总成本 = 货币成本 + 时间成本 + 体力成本 + 精神成本

从客户获取总价值的构成可以看出，客户对产品的价值感受不仅仅基于产品的功能，售前和售后服务的质量、工作人员的态度和企业的品牌形象也发挥着重要的作用。这说明，价值获取是相对主观的，有时候无形的服务可能比有形的产品更能打动客户。同样的道理，客户付出的货币成本只是客户付出总成本的一部分，其为购买和使用产品而付出的时间、体力和精力也会计入成本。

不同的客户对价值和成本的重要性有不同的感受，如有的客户可能更看重产品的品质和服务的质量，有的客户可能更看重产品的价格。所以在实际操作中，客户让渡价值要基于不同的客户群体来度量，如下面的公式所示。

客户让渡价值 = $\sum$ 客群人数 × (单客平均获取价值 − 单客平均付出成本)

为了使客群划分更加精准，可以基于客户对产品价值、服务价值、人员价值、形象价值、货币成本、时间成本、体力成本和精神成本这 8

个要素的重视程度，利用客户画像等技术按平均让渡价值感受来对客户进行分类。

感受是相对主观的，一成不变地看待客户让渡价值是价值评价的一大误区。为避免这一误区，更加准确地预判客户对产品价值感受的变化，对未来客户让渡价值进行度量就显得非常有必要。虽然未来客户让渡价值的构成要素和当前客户让渡价值基本一样，但其内涵有本质的区别，因为随着时间和使用场景的变化，客户对产品的价值感受和偏好会发生显著的变化。且不论变化较快的时尚用品，就算是汽车这样的耐用消费品，其产品价值也在持续地发生着变化。随着时代的变迁，汽车所实现的价值发生了从简单的交通工具，向环保、安全性能和智能化方向的演变。

（3）合作伙伴、员工、股东和社会价值度量方法

促进客户、合作伙伴和企业三赢是度量合作伙伴价值的核心目的。

通过提升客户让渡价值从而提升客户关系价值是实现三赢的关键。合作伙伴为客户带来的让渡价值可以用产品选择权的增加或成本的降低来衡量，合作伙伴对平台关系价值的贡献可用客流和收入来衡量。三赢的实现通常需要一个过程。在生态发展初期，一般会出现客户独赢的局面，平台需要通过免费共享客户的方法吸引合作伙伴，合作伙伴也需要通过让利的方式来提升客户让渡价值。在这个阶段，平台的客户数量和交易额的增长是评价的关键。当客户数量增长到一定程度，客户关系价值足够大时，企业和合作伙伴间的分成结构决定了平台的稳定性和发展潜力，盈利成为评价的焦点。当平台的客户数量不再高速增长时，平台的客户数量和交易额的增长成为评价的重点。

员工价值用于评价员工的价值贡献和获取的收益。为激发员工为客户和企业创造价值的动力，员工的价值贡献可分为客户价值和企业价值两部分。员工在产品创新、客户满意度提升、品牌形象提升和客户成本降低等方面所做的贡献为客户价值，可用客户让渡价值来衡量。员工为企业创造的价值体现为从客户处获取的订单及相应的利润。客户价值是企业价值的源泉，企业价值是客户价值的支撑，二者不能偏废。如果仅仅关注企业价

值，会引导员工过度重视短期利益而损害客户价值。如果仅仅关注客户价值，企业的利润和现金流得不到保障，企业也无法长期为客户提供价值。员工的收益体现为工资、学习成长收益和股票分红及增值。其中，学习成长收益不容易直接衡量，可用企业投入的培训成本、员工流失率和员工满意度等指标辅助评价。

对于股东来讲，其获取的收益可分为当期价值和未来价值，资本时间和风险成本是其主要付出成本。当前股东价值可用经济附加值（Economic Value Added，EVA）来衡量。经济附加值等于税后净营业利润与全部资本成本之间的差额，即税后净营业利润与投资者用同样资本投资其他风险相近的有价证券的最低回报相比，高出或低于后者的部分。未来股东价值可用资本增值倍数来衡量，可用其股份的市值除以原始投入资本的结果来表示。资本增值倍数是对股东所承担的时间成本和潜在风险的回报。

对于社会来讲，税收是企业短期内为其创造的价值。从长期看，企业在就业机会、环境改善等方面提供的价值是建设可持续发展社会的必需。社会价值可利用ESG理念和方法来评价，但评价时需要立足于中国经济社会发展大局。构建社会价值报告评价体系，既要充分考虑不同发展阶段、不同规模、不同行业的特殊性，也要进行全局性谋划和前瞻性思考。

在客户、合作伙伴、员工、股东和社会的价值得以准确度量和评价之后，以客户为先的企业价值也就得以明确。但有一点要特别强调：帮助企业寻求客户让渡价值和客户关系价值的平衡，是构建价值评价体系的核心目的之一。在保障企业有足够现金流的情况下，通过牺牲当前的客户关系价值为客户提供更多的让渡价值，从而提升未来的客户关系价值是践行"以客户为先"必须坚守的原则，也是以客户为先的企业价值评价体系的基本评判标准。为贯彻这一标准，评价当前企业价值的重点不在于企业获利多少，而在于其是否具有持续经营所需的现金流。

　　美国会员制的仓储批发卖场开市客（Costco）的经营之道是对以上理念的诠释。为了让客户对 Costco 产生黏性，Costco 把"尽可能以最低价格给会员提供高品质的商品"作为经营理念，为了达成此目标，Costco 竭力降低所有的营运成本。在为客户提供高让渡价值的同时，Costco 通过收取会员费的方式来增加现金流的来源，保障自身可持续经营。Costco 的股价一度巨幅上涨，为投资人带来了丰厚的回报。

< 案例 >

海尔的"人单酬"报告实践

　　2007 年，海尔开始迈向国际化的战略转型，由传统的以产品为中心的制造企业转向以客户体验的国际化家电制造企业。海尔将"创造并满足客户需求"作为整个企业的共同目标。在这个目标下，海尔成立了面向客户、市场的自主经营团队（海尔称之为自主经营体），将员工推到第一线，使得员工与客户近距离接触，第一时间获取市场信息。这有助于快速、准确确定市场目标，进而倒逼供应链为其提供相应的服务。

　　海尔通过设置三类自主经营体，将整个海尔集团的组织架构从以前的 N 层架构扁平化为三级经营体架构。为配合组织变革，监督与激励以自主经营体为单位的员工主动参与业务推进，海尔进行了管理模式的创新，引入了"人单合一"模式，使员工在为客户和企业创造价值的同时也可以分享价值。该模式有效运行的条件有三个：第一，自主经营，即员工从被动转为自驱动、自运转和自创新；第二，自预算，即员工事前薪酬预测、事中薪酬跟踪和绩效挂钩；第三，公平、公正、公开的评价机制。

　　从管理报表匹配上看，海尔建立了以战略损益表、日清表、人单酬表为核心的自主经营体核算体系。

　　第一张表是战略损益表。自主经营体的战略损益表与传统的企业损益表有极大的差异。第一，传统的企业损益表单纯以数字形式体现损益，战略损益表则融入了客户价值目标、团队等表外资产。第二，传统的企业损益表以事后分析为主，战略损益表则聚焦事前，分析达成目标应该做什么工作及工作由谁在什么时间完成。

第二张表是日清表。是对海尔集团 OEC 管理模式的延续，企业事前确定了很高的目标，但实际结果往往与目标差距非常大。日清表则是让大目标在时间维度上落地的有效工具。通过每日跟踪，企业及时发现问题并解决问题，保证事前目标的达成。

第三张表是人单酬表。通过事前的约定，自主经营体经营的结果与组织中每个人的薪酬挂钩，其宗旨是"我的客户我创造，我的增值我分享"。该方式改变了原来论资排辈拿职务酬的方式，让每个人都有自己的人单酬。以海尔财务共享服务中心的费用中心为例。员工收入由收入项与损失项的差额决定。收入项包括两个部分。第一，基础收入。基础收入的计算综合考虑工作量和工作难度两个维度，对不同难度的工作项目设定不同的标定值（即该难度下每个项目的单价）。各个项目的标定值乘以工作量即得到该员工的基础收入。第二，增值收入。增值收入来源于员工对系统的优化建议、流程优化推进建议等带来的增值。损失项包括单据清理超期损失、业务投诉损失及入账差异损失等。

在"人单合一"模式下，费用稽核岗位不是根据业务目标完成情况来考核的，而是按照"订单"来考核的。具体来说，费用稽核岗位的人单酬余额来源于四个部分的算术值，它们分别是期初余额、收入项、费用项、损失项。其中，收入项包括"订单收入""流程优化、完善、管理""发现流程问题并书面预警"等项目；费用项包括"交通费""电话费""办公费"等项目；损失项包括"雷区违规""客户满意度"等项目。"人单合一"模式下的考核指标与原来的考核指标的本质区别在于，以上各个项目的指标单位是被量化的"人""笔数""项"，然后该值乘以标准单价则得到相应的报酬，最后各个项目相加即得到最终的人单酬余额。

海尔集团通过"人单合一"模式使组织充满激情与创造力，让员工在为客户创造价值的同时实现自身的价值。海尔集团前副总裁谭丽霞说，

"海尔的库存周转天数平均是 5 天，应收账款周转天数为 4 天，营运资金周期达负的 10 天"，这样的水平在国际上都是一流的。当然，这个模式也有不完善的地方，比如 OEC 定制计划制度缺乏灵活性，自主经营体更多关注眼前、不顾长远机会，以及员工存在过强的危机感等问题，都需要进一步改进。

第 4 章

价值驱动的企业绩效
目标管理体系

➤ 英伟达和亚马逊对定期计划的不同态度

ChatGPT 的横空出世把算力巨头英伟达带到了聚光灯下，随着其首席执行官黄仁勋的频频出镜，英伟达的经营思路和管理理念被更多人熟知。在一次访谈中，主持人问道："让团队中最好的工程师决定要做什么，但有时候你还必须执行计划，你是如何平衡这二者的？"黄仁勋回答说："战略是行动，而不是语言。如果一个公司正在做的最重要的 5 件事和战略压根就没有关系，那么这个公司的战略就是空话。相反，如果一个公司没有明确提出战略，但每个人手头做的事都朝着同一个方向，那么这个公司就是战略导向的。"另外，他提到，英伟达没有定期的计划机制，既没有五年规划，也不设年度预算，只通过持续计划来管理公司的目标。黄仁勋解释，世界是有生命、会呼吸的，公司只有通过不断的计划才能适应变化。持续的计划可以让公司随时改变。如果发现错误，承认错误并做出改变就好了。回过头来看，一年中公司可能会改变十几次主意。

相对于英伟达，另一个互联网巨头亚马逊却有着截然相反的做法。在亚马逊独特的理念和文化中，"关注长远目标"和"以行为引导结果"同等重要。为了体现这种理念，亚马逊创始人贝索斯投资了 4 500 万美元建造了一座能运转上万年的钟，并将其命名为"万年钟"。在他的一篇博文中，贝索斯写道："这是一座特殊的钟，象征着人类对长远未来的思考。"除了坚持以客户为中心的长期主义外，亚马逊有严密的计划体系，计划分为三种：三年计划（Strategic Planning system，SPS）、未来 18 个月计划（Operational Plan 1，OP1）和未来 12 个月计划（Operational Plan 2，OP2）。三年计划用于确定未来的三年里需要为客户做的几件事是什么。每个部门的领导要把精力放在以下两件事上。

关注用户体验：未来的客户体验是什么样的，未来的客户需求是什么，如何才能为客户创造价值。

关注长远计划：要想让客户满意，我们需要提前做什么准备；未来客户的行为会发生什么样的改变；为了适应这种改变，我们需要做什么。

同样是以客户为先的技术驱动型公司，英伟达和亚马逊为什么在目标管理上会有不同的思路和做法？如何建立适合自己的企业绩效目标管理体系？这些都是企业实施数字化绩效管理时要思考的。

建立价值驱动的企业绩效目标管理框架

对于企业来讲，目标管理的作用有四点。一是找方向：为企业上下提供思考未来发展方向的机会。二是明时势：认识外部环境发展趋势及其可能给企业带来的机会与挑战。三是定举措：面对机会和挑战，找出可实现目标的 5 件或 10 件大事。四是分资源：基于企业的资源和能力，把资源分配给能实现目标的大事和执行部门。

1. 建立价值驱动的企业绩效目标管理框架的意义

在企业里，"找方向"和"明时势"通常由规划部门牵头负责，"定举措"由研发、生产和销售等业务部门落实，"分资源"大都由财务部门负责。这种安排的初心是让专业的人干专业的事，同时也能起到相互验证、相互促进的作用。但现实是大多数企业的规划、计划和预算缺少融合，规划部门、业务部门和财务部门出现各自为政、相互掣肘的情况。业务部门会认为规划的内容太虚、不落地；规划部门会认为业务部门本位主义、缺乏想象、没有担当，同时可能会认为财务部门只盯着钱、短视，制约了企业的发展。

规划、计划和预算不融合，表面上看是不同部门的立场、职责和专业不同所导致的，实质上是企业缺乏统一的价值导向所引发的。规划通常传递的是管理层对企业未来方向的看法，实现行业领先是管理层的核心诉求。计划通常反映了业务部门的专业想法，如按自己的想法开发新产品、做可以体现自身能力的项目等。计划在一定程度上是员工价值的体现。财务一般被认为是股东价值的代表，实现盈利和规避风险是财务部门坚持的主张。要想让规划、计划和预算高度融合，需要通过建立有效的企业绩效目标管理框架来统一各方的诉求。

图 4-1 所示的价值驱动的企业绩效目标管理框架正是为此而生的。基于"二维四象六方"企业价值评价体系，在客户价值的引领下，企业、合作伙伴、员工、股东和社会为了统一的目标共同发力，并在此过程中实现各自的价值。兼顾各方的诉求，并不是搞平均主义，而是由客户价值来统驭，谁贡献的价值多，谁获取的价值也多。

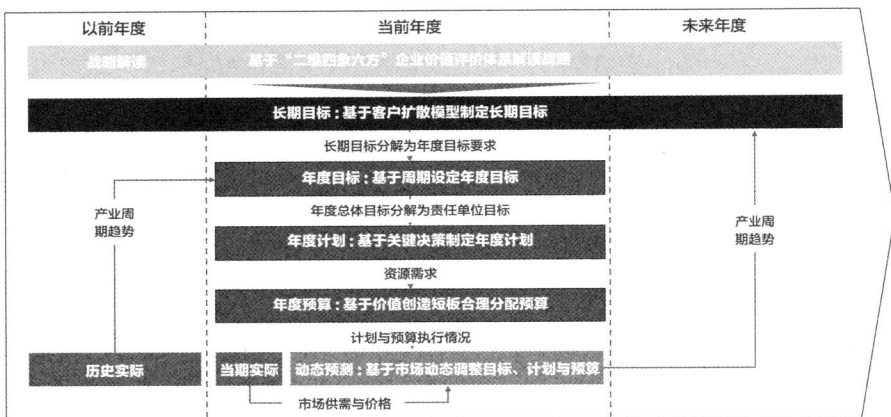

图 4-1 价值驱动的企业绩效目标管理框架

2. 对价值驱动的企业绩效目标管理框架的解读

价值驱动的企业绩效目标管理框架由战略解读、长期目标、年度目标、年度计划、年度预算和动态预测六个核心部分构成。

战略解读的基础是"二维四象六方"企业价值评价体系，一方面可以把战略量化为价值，另一方面也可以把价值作为参照，对战略的导向性和合理性提出要求，确保以客户为先的理念落地。大部分企业通过五年或三年规划来完成长期目标，也有企业会制定 10 年甚至 20 年的目标。制定长期目标的目的有两个。一是宣贯战略。把战略转化为目标的过程就是把战略变为行动的过程。对于员工来讲，战略不再是企业所画的"饼",而是企业对其提出的明确要求。二是落实长期主义。制定长期目标,可以让各利益相关方聚焦企业的长期价值,避免短期行为,也可以让企业预见可能出现的挑战,提前做好防范。长期目标在有的企业不被重视,环境的不确定性是一个主要原因。有的人认为"唯一不变的就是变化",长期目标很难被准确预测,其没有任何意义,甚至可能把企业带到错误的方向。因此,在不确定性中找到确定性是制定长期目标的关键。价值驱动的企业绩效目标管理框架引入了客户扩散模型,以客户价值作为穿越周期的指路明灯。

年度目标起着承上启下的作用,其一方面是对长期目标的精准化,另一方面是年度计划和年度预算的"指挥棒"。

企业应在保持长期目标连续性的前提下,基于周期形成切实可行的年度目标。年度计划是落实年度目标的行动方案,是年度目标是否可以达成的关键。"因循守旧"和"虚假繁荣"是年度计划的两大"敌人"。抱着因循守旧态度的企业或个人,在制定计划时不会根据环境变化灵活调整。有虚假繁荣倾向的企业或个人,表面上看是在积极地响应变化,但实际上并没有切实可行的举措来支撑计划。为了杜绝这两种情况,形成实事求是的风气,基于关键决策制定年度计划是价值驱动的企业绩效目标管理的主张。

巴菲特在一次采访中说,合理分配资源的能力是一位合格的管理者所必须具备的。作为分配资源的工具,年度预算的重要性可想而知。但是有时,年度预算成了争抢资源的代名词。究其原因,主要是由于缺乏价值判断规则,所以基于价值创造短板合理分配预算变得尤为重要。就像黄仁勋所提到的:"世界是有生命、会呼吸的。"为了让目标、计划和预算适应变化,动态预测在目标管理中是必不可少的。通过持续地进行计划,企业才能在实践中不断提升认知和修正错误,才有机会实现目标。

< 案例 >

华为的全面预算管理实践

企业价值经营的核心抓手是什么？答案是预算。然而，许多企业往往忽视这一点，将预算管理简化为常规的财务活动。在华为的预算理念中，客户价值在哪里，预算就在哪里。华为以全面预算管理作为综合管理工具和关键抓手。

华为的全面预算管理涵盖了计划、预算和核算，形成一个闭环系统。这个系统以目标为导向，通过弹性控制和核算来评价，并通过激励实现闭环。全面预算管理不仅是华为年度全部经营活动的依据，也是应对外部环境不确定性、减少决策盲目性与随意性、提升企业整体绩效和提高管理水平的重要途径。通过全面预算管理，华为能够准确把握价值创造的方向性和有效性，落实企业的战略诉求。

关于预算的起点，很多企业并不清楚，其不明白为何花钱，也不清楚投入和产出之间的关系。多数企业按照行政组织来制定预算，导致各行政组织在预算问题上与企业博弈，以争取更多的资源。每个行政组织都试图扩大业务规模以获取更多的资源，而企业往往难以反驳。这种现象的根源在于行政组织之间存在大量的工作缝隙和交叉，各行政组织借此制造复杂的工作任务，为自己获取更多的资源创造理由。

华为认识到预算应先于预算责任生成，并且预算应以客户为中心，由外而内生成。客户和客户价值是预算的起点，而客户和客户价值由企业战略定义。预算是客户价值在企业内部的投影，与客户价值呈背靠背的关系。

理解这两者的区别和顺序后，企业的预算管理可以从成本思维转变为投资思维和价值思维。只有明确阐述客户价值的行政组织才能获得预算，而明确了客户价值后，预算问题就不再是博弈的对象。

任正非有一句著名的话："让听得见炮声的人来呼唤炮火。"同时，华为内部也深知他的另一句话："谁呼唤炮火，谁就对炮火的成本负责"。对于包括华为在内的众多企业来说，产品销售过程中的财务控制和责任经营是一个难题。因此，自 2003 年起，华为建立了全球统一的财务组织，并在 2007 年实施了集成财经服务变革项目，旨在为各级经营组织提供更完善、准确且有价值的财务数据，助力华为持续提供优质服务和综合解决方案。

通过一系列财务变革，华为的责任经营制度逐渐成熟，并将各种资源分配到一线，由负责赚取利润的业务单位承担发生的费用和成本。前方业务单位成为"呼唤炮火"的主体，而非后方领导。在预算方面，华为逐渐以项目和客户价值作为预算的基础核算单元，因为它们才是企业经营管理的基础。以项目和客户价值为中心的预算机制围绕"计划—预算—核算—评价"的闭环管理，实现责任中心与项目预算的衔接。

在以项目和客户价值为中心的预算生成过程中，企业还需考虑与客户投资相匹配的各种线索和机会点，确保预算从项目和客户中产生，再向企业内部各部门延伸。任正非强调："我们要让每一个数字都是打出来的，绝对不是做出来的。我们一定要将主要精力放在分析市场、关注客户上。"

通过这种方式生成预算，华为的预算管理整体框架逐渐清晰，财务经营在企业经营过程中发挥着越来越重要的作用。

预算应分为一次预算和二次预算。一次预算是基于机会点与目标的预算，解决围绕机会点与目标如何分配资源的问题；二次预算是资源配置预算，解决各行政组织资源如何高效配置的问题。

华为生成一次预算时，基于自然的业务流，从客户价值到市场单元、产品单元、其他业务单元等，遵循价值链逻辑，保证预算的方向性和有效性，以及预算的宏观结构稳定；生成二次预算时，采用"分灶吃饭"、弹性管控的方式，既要保证抓住机会点和实现目标，又要确保高效配置资源。

华为在资源匹配目标和机会点方面的经验做法包括优先配置资源到价值客户、价值国家和主流产品上，集中优势资源投入战略生长点，差别对待不同业务领域，并防止过度"拧毛巾"现象。

综上所述，华为的全面预算管理实践体现了其以客户价值为中心、以项目和客户价值为基础核算单元、以闭环管理和责任经营为核心的预算理念。这一实践不仅提升了华为的财务管理效率和效果，也为其他企业在预算管理领域的改革提供了宝贵的参考和借鉴。

基于"二维四象六方"
企业价值评价体系解读战略

把战略量化为价值和优化战略是解读战略的目的。为达成此目的，基于"二维四象六方"企业价值评价体系解读战略的工作分为两个步骤。首先，基于战略要素和"二维四象六方"企业价值评价体系中各项价值的驱动关系，解读各项战略的有效性。其次，基于各项价值的转化关系，解读各项战略的协同性，也就是总体战略的合理性。

1. 战略有效性解读

基于"二维四象六方"企业价值评价体系的战略地图如图 4-2 所示，按照用途划分，战略包括产业战略、商业模式、商业生态、创新战略、财务战略和 ESG 战略六个要素。

（1）产业战略有效性解读

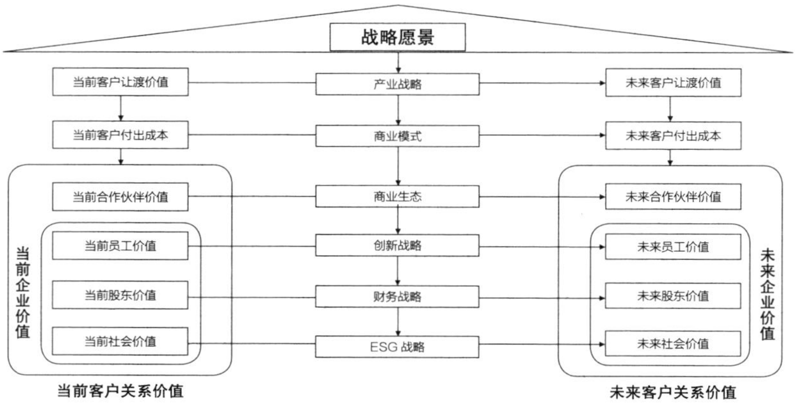

图 4-2　基于"二维四象六方"企业价值评价体系的战略地图

产业战略体现了一个企业的产业布局构想和产品线规划，圈定了企业的目标客户，企业为客户创造的让渡价值也由此而来。产业战略是否有效的重要判定标准就是能否增加客户让渡价值。在解读产业战略时，该战略是否有助于增大客户基数、提升客户体验和降低客户付出成本是基本的评价标准。从长期来看，凡是在此三方面贡献甚少的产业和产品，企业都需要重新审视其存在的意义。

（2）商业模式有效性解读

商业模式决定了企业的收入来源。在解读商业模式时，是否能把客户让渡价值有效地转化为企业的收入来源是评判其有效性的关键。例如，谷歌曾经推出为偏远地区提供互联网服务的谷歌气球项目，这项服务虽然可给当地居民带去巨大的让渡价值，但由于缺乏成熟的商业模式，接受服务的人没有付费能力，该服务也没有广告等其他收入来源，谷歌最终无奈终止了该项服务。随着越来越多新商业模式的出现，获取让渡价值的客户和支付费用的客户有可能分离，这使得商业模式的解读变得复杂起来。但商业模式有效的本质原因是获取让渡价值的客户有付费能力，企业或合作伙伴可从中发掘其他商机。所以，产品或服务的直接客户是否有付费能力是商业模式是否成立的关键。

（3）商业生态与创新战略有效性解读

在新的商业模式下，产品或服务的购买者、使用者和重要影响者会构成一条客户链。单凭企业自身已经无法满足客户链上所有客户的需求，如何构建商业生态就成了企业必须考虑的问题。商业生态的本质是形成了长尾效应，丰富了客户选择或降低了客户付出成本，从而增加了企业提供给客户的让渡价值。所以，能否增加客户让渡价值是评判商业生态是否有效的首要原则。在满足首要原则的前提下，能否为合作伙伴带来价值是判断商业生态能否成立的另一个标准。如果一个商业生态是通过压榨合作伙伴来增加客户让渡价值的，那么这个生态是不可持续的。

在数字化时代，创新成了企业构筑价值"护城河"的关键。提升客户体验和降低客户付出成本是创新的出发点，这也是解读创新战略的首要关注点。与此同时，是否能激发持续的创新动力也是判断创新战略有效性的重要原则。人是创新的源泉，企业的创新活动如果不能给员工带来价值，创新也就失去了动力。所以，在解读创新战略有效性的时候，考察创新战略的激励机制和由此可能给员工带来的价值也是必不可少的。

（4）财务战略与 ESG 战略有效性解读

为股东创造价值是企业的基本使命，除了产业战略和商业模式等战略外，以资本结构和融资规划为核心的企业财务战略对股东价值也有直接的影响。在解读财务战略时，首先要关注的是财务战略对企业治理结构的影响，如果资本结构的变动会导致股东表决权的变动，那么就要慎重做出相应决策。其次，稳定的股利分配政策是大部分股东所看中的，如果突然做出改变，股东有可能会"用脚投票"，所以股利分配政策是否稳定也是财务战略解读的重点之一。最后，融资策略影响企业资产负债表的稳健程度，也决定了企业的财务杠杆。财务杠杆可以提升股东价值，但高企的资产负债率会显著增加股东风险。所以，融资策略能否平衡好财务杠杆与股东价值的关系也是解读财务战略的重点。

在共同富裕等大背景下，良好的 ESG 战略成了企业走得更远的保障，也是企业对社会有责任担当的体现。纳税是企业为社会创造价值的主要方式，在严格遵循税收法律法规的前提下，企业在这方面要做到纳税水平不低于社会平均水平，这是判断 ESG 战略有效性的首要标准。其次，"双碳"也要成为 ESG 战略解读的重点。在"双碳"达标已成为硬性要求的情况下，企业的 ESG 战略要成为产业布局的指引，从而把外在的压力变成企业的核心竞争力。当然，企业对社会的贡献是建立在企业可持续发展的基础上的，对社会责任的过度承诺会影响企业的可持续发展能力，所以 ESG 战略和其他战略的协同也是至关重要的。

2. 战略协同性解读

如前所述，各项战略之间存在密切的联系。因此，审视战略是否协同是战略解读的关键一步。解读战略协同性的第一个重点是产业战略和商业模式的协同性，这决定客户让渡价值转化为客户关系价值的多少，也意味着企业的付出能换回多少回报。客户支付意愿是解读产业战略和商业模式协同性的关键。客户付出的不仅有金钱，还包括精神、时间和体力等。客户付出的金钱可直接成为企业的收入，客户在其他方面的付出是潜在的商业机会。例如，客户为了看视频，会愿意付出时间成本去看广告，客户的时间成本就转化为企业的广告收入。

　　解读战略协同性的第二个重点是资源分配的合理性。资源分配的核心是现金流，现金流分配是否合理主要看现金流产生和消耗的总量是否平衡，以及现金流分配的优先级是否科学。在经营活动产生的现金流不满足各项战略所需时，企业需要通过股权或债权融资。为了防范可能出现的流动性风险，产业和创新等战略所需资源不能突破财务战略设定的融资边界和结构，这是保持现金流产生和消耗的总量平衡的关键。在解读现金流分配优先级时，可从客户需求的空间和时间两个维度来判断。空间大、时间紧的需求优先级最高；空间大、时间不紧的需求优先级次之；空间小、时间紧的需求优先级排第三；空间小、时间不紧的需求的优先级最低。在现金流不足以支撑所有需求时，优先级较低的需求可以不予满足。

　　解读战略协同性的第三个重点是价值分配的合理性。从价值分配的视角看，产业战略关注的是企业如何给客户带去让渡价值，商业模式关注的是如何把客户让渡价值转化为客户关系价值，商业生态关注的是如何在企业和合作伙伴之间分配客户关系价值，创新战略关注的是如何回报员工，财务战略关注的是如何回报股东，ESG 战略关注的是如何回报社会，而员工、股东和社会价值又来自企业所获取的客户关系价值。按照各类战略的依存关系，客户价值优先是毋庸置疑的。企业和合作伙伴之间的价值分配，员工、股东和社会之间的价值分配是审视价值分配合理性的两大难点。困难之处在于这两类分配没有固定的规则，要基于所处的环境实现动态的平衡。如一直视员工为创新之源的谷歌，给予了员工优厚待遇，但当公司的经营遇到波折时，裁员成为其首要的对策。

　　从企业绩效管理的角度看，战略解读可以理解为对目标的顶层设计。战略解读的成果将是制定目标的有效输入，各项战略的价值诉求是制定目标的初心。业务计划和资源分配也需要依托各项战略决策。

＜案例＞

从丹纳赫品牌焕新解读其战略转型之旅

2023 年 9 月底，全球市场见证了一场引人瞩目的变革——Veralto 正式从丹纳赫拆出，这标志着丹纳赫完成了从多元工业公司向医疗健康类公司的彻底转型。这一转型不仅仅是公司架构的调整，更是丹纳赫战略定位的一次革命性重塑。

丹纳赫品牌 Logo（标识）的变化揭示了这一转型的深层含义和战略意图。旧 Logo 以蓝色为主色调，由客户（Customer）和丹纳赫（Danaher）的组合图形构成，象征着客户与丹纳赫紧密联系。新 Logo 则由全球知名创意公司 Lippincott 设计，蕴含了丰富的寓意和战略信息。

新 Logo 围绕"加速曲线"的概念构建，体现品牌活力和前进的动力。这一设计创新反映了丹纳赫新的品牌定位"Innovation at the speed of life"，强调其产品和技术在加速生物医药和临床诊断创新中的关键作用。值得注意的是，新 Logo 中品牌名英文字母全部为小写，这一变化不仅展现出丹纳赫更加科技化和现代化的形象，也暗示了丹纳赫在战略转型中的谦逊和专注态度。

随着品牌形象的改变，丹纳赫的品牌定位和业务运营模式也进行了实质性的改革。过去，丹纳赫主要是一个面向投资人的品牌，与具体产品或业务保持一定的距离感。而现在，丹纳赫明显地将自己与实体业务更紧密地联系在一起，通过一系列具体的项目和行动展现其转型的决心和行动力。

例如，丹纳赫推出了 Danaher Beacons 项目，旨在与高校研究所合作进行科研转化，推动科技创新；Danaher Nexus 项目则旨在与创业公司合作开发新产品和技术，以实现持续创新；此外，丹纳赫还设立了 Danaher Ventures，专门针对少数股权投资，进一步拓宽其在医疗健康领域的布局。

这种战略转型的根本原因在于丹纳赫的实际控制人和董事会对其平台

定位的重新审视和深刻反思。自 1984 年成立以来，丹纳赫最初是一个用于并购和控股的金融平台，但随着时间的推移和市场环境的变化，尤其是进入医疗健康行业后，丹纳赫发现这个板块的表现（包括成长性、利润率和估值水平）明显超过传统的工业板块。

因此，丹纳赫逐渐聚焦于医疗健康领域，并通过多次分拆，如拆出 Fortive、Envista 和 Veralto 等，虽然使得公司体量有所缩小，但却变得更加专业和聚焦，具备了将品牌由一个投资品牌转变为以科技和创新为主的业务品牌的能力。对丹纳赫的投资人和董事会来说，这种转型意味着他们可以在特定的细分赛道进行更有针对性的投资，同时让丹纳赫能够在医疗健康这个极具潜力和影响力的赛道上持续加码。

此次品牌焕新，不仅是丹纳赫对过去成功历史的一次告别，也是对过往价值创造模式的一次自我革命。它标志着丹纳赫在继承 DBS 运营和并购能力的基础上，对生命科学赛道做出了最深沉的承诺，并对科技和创新做出了最深情的告白。

总的来说，丹纳赫的品牌焕新不仅体现出其视觉形象的升级，更深层次地反映了其战略转型的深度和广度。从多元化工业业务到专注于医疗健康的科技创新，丹纳赫正在以其全新的品牌形象和战略定位，开启一段充满挑战和机遇的新发展历程。这一转型不仅体现了丹纳赫对未来市场的敏锐洞察和前瞻性思考，也展示了其致力于通过科技创新改善人类健康的坚定决心和实际行动。

基于用户扩散模型制定长期目标

长期目标在时间跨度上并没有明确的边界。在实际操作中，国企一般会依托国家的五年计划制定本单位的长期目标。民企和外企通常会根据所在行业的周期，或者是特定的转型要求设定长期目标的边界。例如，为顺应汽车电动化趋势，大众汽车（中国）就提出了 2030 年计划，其时间跨度为 8 年。

1. 如何让长期目标受重视

一直以来，长期目标被很多人视作鸡肋。作为价值导向，它不如战略那么鼓舞人心；作为管控要求，它不如计划预算那么具有刚性。很多时候，企业制定长期目标就是走过场，其最终命运就是被束之高阁。究其原因，不确定性是导致长期目标不被重视的关键。试想一下，在一个价格不停波动的行业，如果要预测未来 5 年的收入、盈利等，那是何等困难。也许会有人说，准确性不重要，关键是要有应对挑战和实现目标的举措。但如果假想敌都是错误的，那么举措又有何用？解铃还须系铃人，要想让长期目标变得有用，还需从不确定性入手。如果设定长期目标能帮助企业从不确定性中把握确定性，那其价值就充分发挥出来了。如前所述，客户需求从长期看是最具有确定性的。当然，这里的需求不是指从产品属性层面定义的需求，而是指客户的最终使用目的。例如，对于交通工具，客户最终在乎的并不是发动机型号和座椅调节方式等具体特性，而是能满足其安全、平稳等特定场景需求的功能。把握这些需求的走向，预测这些需求带来的客户数，识别潜在的挑战和准备应对举措是企业在长期需要做的事情。一言以蔽之，长期目标是为影响客户让渡价值和客户关系价值的核心要素而设定的。

2. 基于用户扩散模型制定长期目标的"四步法"

基于用户扩散模型制定长期目标时，用户增量和用户价值将代替收入和利润成为长期目标所关注的重点。具体来讲，基于用户扩散模型制定长期目标可通过四个步骤来完成。

（1）把握趋势

在把握需求变化趋势时要抓大放小，越是大的变化确定性越高，其可带来的潜在用户数量基数也会越大。比如，汽车的新能源化和智能化趋势基本上是不可扭转的，但在新能源的类型上，存在电能和氢能之争。这时候搁置争议是比较好的选择，因为从用户的角度来看，他们的需求是寻找替代石化能源的能源，并不在乎是电能还是氢能。这一步骤的关键是基于大的变化趋势框定潜在用户基数。沿用刚才的例子，如果站在新能源化的视角，毋庸置疑，现有的汽车用户基本都是未来的用户。这样框定的潜在用户数量的确定性会极高，同时也可以让企业不陷入先入为主的束缚，不至于把目标用户限定为特定的人群。

（2）设定 P 和 Q

第二步是基于用户扩散模型制定长期目标的关键，也是难点。产品生命周期内的用户扩散模型示例如图 4-3 所示，在剩余潜在用户数量确定的情况下，每年新增用户数量受个人力量和社会力量的双重影响。个人力量反映的是企业的产品创新力，社会力量反映的是企业的品牌号召力。对一个身在某行业的企业来讲，这些能力通常不易改变，参照以往产品的历史数据，大概率不会犯方向性错误。对于新进入该行业的企业，参照行业平均水平会相对靠谱。基于历史数据预测的目的是相对客观地反映企业当下的能力。但新的需求趋势往往会对以往的产业格局带来冲击，这个时候也是弯道超车的好时机。企业有必要以更高的目标要求自身，从而倒逼产品创新力和品牌号召力的提升。

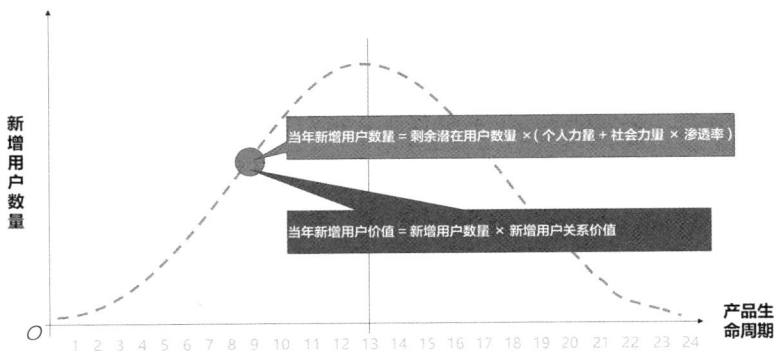

纵轴：新增用户数量

横轴：产品生命周期（1 2 3 4 5 6 7 8 9 10 11 12 13 14 15 16 17 18 19 20 21 22 23 24）

当年新增用户数量＝剩余潜在用户数量 ×（个人力量＋社会力量 × 渗透率）

当年新增用户价值＝新增用户数量 × 新增用户关系价值

图4-3　产品生命周期内的用户扩散模型示例

对于行业"老兵"来讲，其已经具有一定的品牌号召力，敢于突破现有产品的束缚是其抓住机遇的关键。诺基亚就是这方面典型的反面教材。面对手机智能化的趋势，囿于已有产品带来的丰厚利润，诺基亚推迟了创新性技术的应用，最后导致满盘皆输。对于行业颠覆者来讲，借助于其产品的独特性提升公众认知度是其成功的关键。特斯拉是这方面的典范，在公司初创期，其凭借其产品的环保性和超越跑车的加速性能，获得了用户的支持。有了品牌号召力之后，特斯拉迅速推出了平民化产品，在个人力量和社会力量的叠加下，特斯拉的用户数在短短的 5 年时间里达到了 3 500 万之多。

（3）提升能力

在制定长期目标后，能否达成长期目标的关键在于企业能力是否同步提升。

比亚迪从 2005 年就推出了纯电动车 F3e，但在 2021 年之前，比亚迪在众多消费者心中一直是电动出租车和电动公交车品牌的代表。虽然比亚迪有很高的知名度，但并没有形成强大的社会扩散力量，到 2018 年才实现汽车累计销量 100 万台。直到 2020 年刀片电池和旗舰车型汉 EV 的推出，比亚迪终于得到了消费者认可，并从 2022 年开始超越特斯拉成为电动车销冠。

所以，企业的长期目标一定要有长期的能力提升计划作为支撑。这也是基于用户扩散模型制定长期目标的第三个步骤的重中之重。守正创新和实事求是是制定能力提升计划要坚持的两大原则。守正创新意味着企业要从真正提升客户价值的点入手，而不是把堆砌博人眼球的功能视作创新。许多"网红"企业昙花一现正因如此。实事求是则要求企业不能罔顾行业规律和常识，企图通过激进的方式实现跨越式的发展。例如，恒大汽车期望靠"卖卖卖"造车，最终不但没能把汽车业务做起来，而且成了恒大集团爆雷的导火索。

（4）明确目标

如果前面三步做好了，确认最终目标就水到渠成了。最终目标的核心内容包括用户目标、能力边界和产品管线。用户目标由潜在用户总量、每年新增用户数量、每年的社会力量和个人力量目标系数三部分构成。能力边界至少要包含现金流指标、流动性指标、核心员工流失率指标、股东现金分红指标等。产品管线需要根据行业来确定颗粒度。例如，新药的研发周期一般为 10 年左右，而手机产品的迭代周期可能为 1 年。那么生物制药企业的产品管线颗粒度就需要明确到具体的产品，而手机企业的产品管线颗粒度明确到功能特性就可以了。但无论是何种颗粒度，产品对客户体验及其付出成本的影响一定要明确。前文提到了英伟达不做五年计划。但鲜为人知的是，英伟达有超前的产品管线。在客户还没有明确需求时，英伟达就已经超前布局了。所以，英伟达并不是没有长期计划，而是其长期计划以产品管线的方式出现而已。

< 案例 >

特斯拉的用户扩散模型

特斯拉，作为电动汽车行业的领先者，其独特的用户扩散模型值得深入探讨和学习。这一模型通过逐步吸引和转化不同类型的用户群体，实现了从早期市场到大众市场的广泛扩散。

根据 BASS 模型理论，产品的市场扩散速度主要由创新因子（p）和模仿因子（q）决定。在特斯拉的案例中，这两个因子在其用户扩散过程中起到了关键作用。

初期，特斯拉主要依赖早期采用者，包括环保倡导者和科技爱好者。他们对特斯拉的电动汽车技术和其对环保的贡献持有高度认同感。特斯拉的第一款产品——Roadster，凭借其独特的设计和出色的性能，成功吸引了这批早期采用者。在这个阶段，特斯拉的 p 值较高，因为这些早期采用者对新科技和环保理念接受度高，愿意尝试并推广新的电动汽车技术。他们在购买并使用特斯拉产品的同时，也在自己的社交网络中积极推广特斯拉的品牌和产品，为特斯拉的市场扩散奠定了基础。

随着 Model S 的发布，特斯拉开始进入更广泛的市场。这一阶段，特斯拉通过持续的技术创新、提升产品质量、扩大充电网络覆盖面积，以及优化用户体验等方式，有效消除了消费者对电动汽车续航里程短、充电不便等的疑虑。同时，特斯拉的创新营销策略，如直销模式和 OTA 软件更新等，也为消费者提供了与众不同的购车和用车体验。这些举措不仅提高了特斯拉的 q 值，因为更多的消费者在看到他人使用特斯拉汽车后，更有可能跟随购买；而且也保持了相对较高的 p 值，因为特斯拉持续的创新和技术升级仍然吸引着对新科技敏感的用户。

进入晚期采用者阶段，特斯拉 Model 3 的推出标志着其进军大众市场。这款车型在保持特斯拉一贯的高品质和创新特性的同时，价格更加亲民，使得更多的晚期采用者开始关注特斯拉。特斯拉通过持续的技术升级、产能扩张及全球市场的开拓，逐步消除了这部分用户对电动汽车的顾虑，促使他们转向购买电动汽车。尽管这一阶段的用户对新科技的接受速度较慢，但随着特斯拉汽车的普及度提高、口碑的提升及电动汽车基础设施的逐步完善，他们也开始接纳并购买特斯拉汽车。在这个阶段，特斯拉的 q 值可能进一步上升，因为模仿效应在大众市场中更为显著。

　　总的来说，特斯拉通过不断创新产品、优化服务及拓展市场，成功地吸引了不同类型的用户群体，实现了从早期市场到大众市场的广泛扩散。特斯拉的客户扩散模型为其他寻求市场扩张的企业提供了宝贵的参考和借鉴，尤其是在如何通过创新和营销策略来影响消费者的购买行为，实现产品的市场扩散方面。在此过程中，BASS 模型理论为解析特斯拉的用户扩散模型提供了有力的理论工具和分析框架。

基于周期设定年度目标

顾名思义，年度目标是企业每年要制定的目标。年度目标是管控和考核的重要依据。这意味着年度目标更加注重结果，也需要更加准确和全面。一方面，年度目标需要承接长期目标中明确到年的用户目标、能力边界和产品管线；另一方面，年度目标还需要进一步明确该年度的企业价值、合作伙伴价值、员工价值、股东价值和社会价值目标，以便能全方位地度量企业绩效。

1. 基于周期设定年度目标的原因

在政治、经济和社会等环境的波动愈发剧烈的今天，准确地设定年度目标是一件异常困难的事情。但这从侧面反映出年度目标的重要性。如果说制定长期目标是为了从客户需求长期变化趋势中发现确定性，那么制定年度目标就是在当下不确定的环境中把握确定性。

仔细分析波动可以发现，除了"黑天鹅"这种突发事件外，大部分的波动都是有规律可循的。企业价值周期如图 4-4 所示。价格和供需的波动主要由于产业周期的变化，企业的兴衰受商业生态周期影响，股东和员工的期望与经济周期有密不可分的关系，而企业所需承担的社会责任随社会周期而变。可以说，掌握了周期就可以管理大部分不确定性。因为有了历史数据的参照，从年度上更容易看清楚周期的走势，所以基于周期设定年度目标是管理不确定性、提升目标准确性的有效手段。

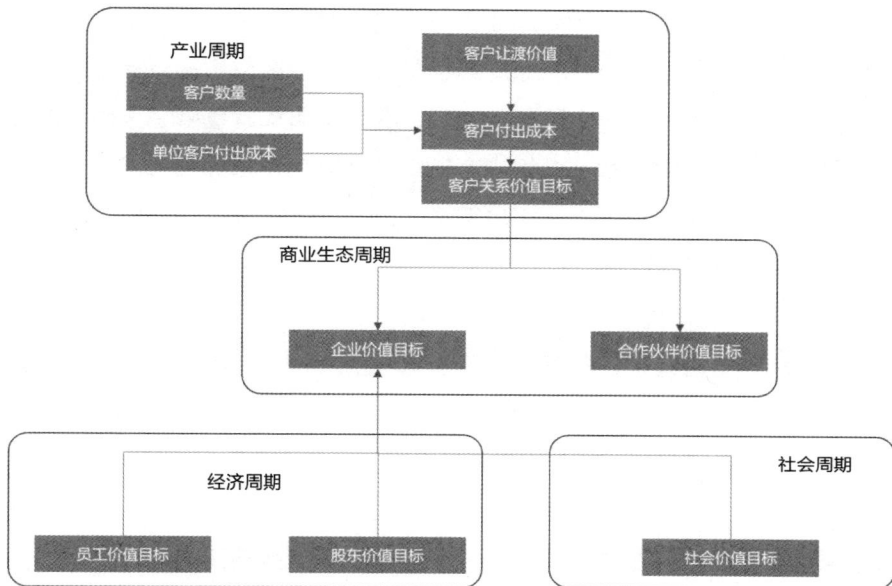

图 4-4　企业价值周期

之所以制定年度目标，除了是因为企业业绩要按年度考核之外，更重要的是因为大部分周期的最小时间间隔为年。例如，存货驱动的基钦周期一般为 2 到 4 年，投资驱动的朱格拉周期一般为 6 到 11 年。当然也有例外，例如，英伟达不做年度计划，是因为其所处的行业是技术驱动的，通常一个产品的迭代周期为 6 个月。所以英伟达是以产品的迭代周期来管理其短期目标的。

2. 从周期中发现确定性

（1）产业周期

每个产业都有其特有的周期，例如，化工行业的一个中周期通常为 6 到 9 年，而一个中周期会包含 3 个短周期，短周期一般为 2 到 3 年。这背后的逻辑是：化工行业是投资驱动的，其产能的形成通常需要 3 年左右。随着产能的释放，供给增加带动价格下降，企业亏损增加；亏损增加，新增产能减少，需求超过供给驱动价格上涨。

基于对当前年度企业所处产业周期阶段的分析，企业可以相对准确地预判供求关系和价格走势。产业周期也是修订年度客户增长目标的依据。往往在产业周期的低谷，由于价格下降，客户付出成本也随之下降，社会力量和个人力量扩散系数都会相应有所提升，客户需求开始增加。在客户需求和价格都确定的情况下，客户关系价值目标基本确定，相应的产业收入目标也就明确了。

（2）商业生态周期

利润和现金流是决定年度企业价值目标的关键。在收入目标确定的情况下，管理好成本和投资的不确定性就可以制定出相对准确的利润和现金流目标。成本和投资的不确定性主要发生在商业生态各阶段的转换期。

在商业生态初步形成的阶段，技术路线尚未确定，核心原料和核心技术通常掌握在少数企业的手里。在这个阶段，保持战略定力，深耕最能降低客户付出成本的技术路线是管理成本不确定性的关键。促使关键领域成本大幅下降是制定年度成本目标的核心诉求，投资的重点是关键生产工艺的改进。例如，在光伏产业发展初期，有多晶硅和单晶硅两种技术路线。多晶硅转化率低但量产容易，单晶硅转化率高但量产困难。最终，坚持单晶硅技术路线的隆基绿能攻克了金刚线切割工艺，单晶硅技术路线度电成本大幅下降，客户价值显著提升。隆基绿能一跃成为光伏行业的龙头企业，而坚持多晶硅技术路线的企业落入下风。

在技术路线确定后，客户需求得到释放，商业生态进入成长期，掌握核心技术的企业获得相对确定的利润。丰厚的利润吸引大批的竞争对手进入行业，商业生态随之陷入多企业竞争的局面，产品价格大幅下降，利润严重缩水。这时，谁能持续降低全价值链成本，谁就能赢得竞争。美的和格力采用的策略值得效仿，其通过整合下游产业链和优化上游渠道，持续降低原料成本和渠道费用率，从而成为价格战的赢家。依照美的和格力的成功经验，这个阶段的企业应该把降低全价值链成本作为年度核心成本目标，投资也应该围绕产业链一体化开展。

当商业生态格局基本确定后，行业集中度会显著提升。例如，在国内第一轮空调价格大战过后，空调厂家从 2001 年的 400 家减少到 2005 年的 20 多家，行业集中度提升至 50%。这个时候，商业生态进入品牌通吃阶段，第一梯队的品牌会获取相应的溢价。为此，企业竞争的重点也从价格战转向品牌渗透。赢得客户信任是提升品牌渗透力的关键，而产品质量和售后服务是获取客户信任的两大利器。为此，处于这一阶段的企业会把提升质量和优化服务作为主要竞争内容。例如，格力为了提升品牌形象，把产品的保修期限从国家规定的 6 年扩展为终身。为配合"战场"的转换，企业的年度成本目标重心也应该从降低客户购买成本向降低客户拥有成本转变。在提升产品质量的同时，企业应该着力降低客户使用过程付出的体力、时间和精神成本。相应地，品牌和信息化建设应该是投资的重点。

　　无论是传统行业的供应商和经销商，还是互联网平台关系紧密的合作伙伴，其价值也是企业在制定年度目标时不得不考虑的。合作伙伴与企业是构成商业生态的两大支柱，彼此连为一体，一荣俱荣，一损俱损。当然，双方也存在利益博弈。例如，降低供应链成本和渠道费用率通常是企业降本的重要举措，但这意味着挤压供应商和经销商等合作伙伴的利润空间。二者要实现双赢的局面，唯有齐心协力共同把"蛋糕"做大。企业制定合作伙伴价值目标时，要明确合作模式和留给合作伙伴的盈利空间。处于商业生态初期的企业在制定商务政策时要考虑让利给合作伙伴，以吸引其加入；在商业生态成长期，掌握原料和技术等核心资源的合作伙伴变得至关重要，企业采用长期协议和战略联盟等方式有助于管理原料短缺和涨价等不确定性；随着商业生态的成熟，采取相互持股等方式促进上下游一体化是稳固商业生态的有效手段。

　　（3）经济周期和社会周期

　　在年度目标中，股东价值和员工价值体现为投资回报率和薪酬增幅。这两个指标和经济周期高度相关。在经济繁荣期，伴随着通货膨胀率走高，利率也会走高，股东期望的投资回报率和员工期望的薪酬增幅都会水涨船高；当经济走向衰退，通货膨胀率降低，利率下降，股东对投资回报率的期望值和员工对薪酬增幅的期望值相应地也会下调。因此，企业的投资回报率和薪酬增幅目标要根据所处经济周期阶段而定。

企业承担更多的社会责任是历史趋势，也是责无旁贷的。以自身承受能力为边界，综合考虑社会期望是设定年度社会价值目标要坚持的原则。

上文有所侧重地说明了影响各项价值目标的主要周期，但这不代表价值目标仅仅和特定周期相关。各种周期其实是紧密关联的，例如，当经济处于衰退期时，大部分产业的需求和价格往往也是下行的，处于其中的企业会面临更加激烈的竞争，这时其承担社会责任的愿望和能力也处于低潮。因此，企业在各项价值目标明确后，依据各类周期关系对目标进行综合平衡是非常有必要的。

＜案例＞

一家客车公司实现降本目标的实践

在全球局势不断变动的背景下，我国客车行业也面临着市场和产业结构深度调整的压力。在市场竞争激烈和消费环境升级的新形势下，打造性价比高的产品成了企业生存发展的关键。为此，一家客车公司决定通过实施价值分析与价值工程（Value Analysis and Value Engineering，VAVE）降本策略来实现其年度降本目标。

该客车公司认识到，产品成本的 70%~80% 在设计阶段就已经确定，因此，通过商务谈判进行后期降本的空间非常有限。而开展 VAVE 活动则可降低 40% 左右的成本，这使得该公司决定引入并重视 VAVE 降本策略。

首先，公司明确了 VAVE 的概念，即价值分析与价值工程，旨在通过集体智慧和有组织的活动方式，对产品或服务进行功能分析，以最低生命周期成本实现必要的功能，不断提高产品价值和竞争力。

在实施过程中，公司采用了多种 VAVE 降本方法，包括专业技术分析、成本结构分析、内部成本对标、竞品分析、客户需求分析，以及供应链分析。其中，专业技术分析通过利用新技术替代旧技术、消除质量过溢和提高材料利用率，实现成本降低；成本结构分析则通过对车型物料清单（Bill of Material，BOM）成本和各部件成本占比的计算，找出成本较高的模块和部件进行优化；内部成本对标则是通过对比公司内部不同车型的成本数据，推动零部件平台化、通用化和技术模块化管理。

同时，公司也非常注重客户需求分析，通过市场调研、客户场景洞察和客户访谈等方式，了解客户购买因素和需求，找出产品功能过溢点，提出 VAVE 构想。对于客户感知价值高的配置，公司通过合理提高产品定价来获得收益；而对于客户感知价值低的配置，则将其作为功能过剩点，通过 VAVE 降本。

在供应链分析方面，公司通过供应商部件设计、加工分析，包装、物流分析，从外部价值链寻找降本机会，提出和实施 VAVE 方案，实现供应商和主机厂共赢。为了推动供应商积极参与 VAVE 方案，公司还制定了降本收益共享的标准，鼓励供应商应用新材料和新技术，降低开发设计成本，提高管理水平，减少浪费，合理安排部件包装和物流供货方式，降低供应链成本。

为了确保 VAVE 降本方案的及时实施，公司制定了一系列推进计划、关键节点和交付标准，并涉及跨部门和专业协同。例如，针对副仪表板拉手部件，公司根据竞品拆解对标和客户需求分析，将材质由 PU 更改为 PVC 以降低成本，在执行推广阶段，编制推进计划，技术、质量、生产等部门按工作任务和节点进行配合，直至部件质量达标可以装车。

通过以上实践，这家客车公司成功地运用 VAVE 降本策略，实现了年度降本目标，提高了产品价值和竞争力，同时也实现了与供应商的共赢。这一案例表明，面对日益激烈的市场竞争和消费环境升级，采用科学的成本管理工具和方法，如 VAVE 降本策略，是公司实现可持续发展和获取竞争优势的关键。

基于关键决策
制定年度计划

1. 年度计划应该包括什么

计划是落实目标的行动方案。按照重要性和延续性，年度目标可以划分为战略性目标和经营性目标两类。战略性目标承接的是长期目标提出的要求，例如，当年要延续的产品研发目标。经营性目标一般指本年度要实现的收入和利润等目标。相应地，年度计划也可划分为战略性计划和经营性计划。战略性计划通常包括产业布局、产品研发计划、合作伙伴开发计划、投资计划和人力资源计划，而客户增长计划、营销计划、销售计划、生产计划和采购计划则属于经营性计划，如图 4-5 所示。

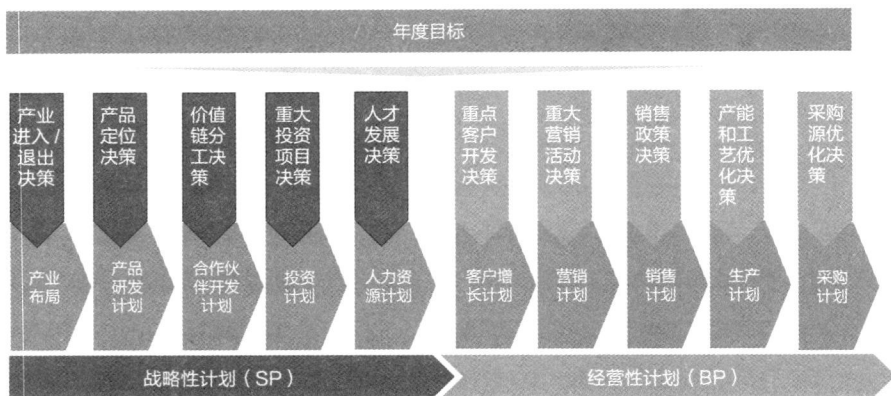

图 4-5　关键决策驱动的年度计划

现实中，相当多的企业不做战略性计划，或者把投资计划当作战略性计划的全部。这其实都是投机主义的表现。没有战略性计划的企业通常也没有明确的战略性目标，什么赚钱做什么，不停地追逐风口。只把投资计划作为战略性计划的企业大多采用外延式发展模式，通过投资不断扩张产能，驱动资产和收入规模扩大。随着大多数行业产能逐渐饱和，高质量集约化发展成了企业持续发展的必选。这时，能引导企业走上长期主义发展道路的战略性计划就成了刚需。例如，企业通过产业布局顺应消费者长期需求趋势，对业务进行动态调整，利用产品研发计划夯实产业布局，依托合作伙伴开发计划构建供应链和销售渠道，基于人力资源计划，为战略性计划体系培育和储备人力资源，等等。而投资计划不仅仅是建厂房和买设备，更重要的是对战略性计划资源建设需求的汇总和优选。

如果说战略性计划负责产品及生产要素的筹划和开发，那么经营性计划的关注点就是如何高效利用这些生产要素生产和销售产品。有的企业的经营性计划以销售、生产和采购为核心，通常从产品视角把经营目标分解为量价，再加上一些关于如何落实的文字描述，这些文字描述一般和具体的量价没有明确的关系。合理的做法应该是以客户增长计划为起点。因为客户是产品的购买者，客户增长才能保障收入和利润持续增长。如果企业搞不清客户是谁，增长的源头在哪里，那么后续的销售、生产和采购等计划的可行性就低。

2. 好的决策造就好的计划

无论是战略性计划还是经营性计划，关键决策是连接企业和其目标的桥梁。决策是企业基于面临的挑战和机遇，为实现目标而制定行动策略的过程。排除前进道路上的障碍，抓住稍纵即逝的机会是决策的核心价值。没有了决策这个环节，目标是空中楼阁，计划是无源之水。

（1）战略性决策与计划

对于战略性计划，决策的作用在于审时度势地调整长期目标，进而形成未来年度计划的重点工作。

例如，基于产品成熟度和用户付费能力分步骤推进是特斯拉的产业布局策略。在从 0 到 1 的阶段追求技术领先性，在从 1 到 100 的阶段追求产品普及性，在从 100 到未来的阶段主打智能化和服务化。但其每一个阶段的重点工作和实施步骤并不会按部就班地开展，而是要根据当时的经营环境动态决策。特斯拉 2018 年在中国建厂就是根据当时电动汽车市场发展状况、供应链成熟度和中国政府的新能源政策而做出的适时决策。这一决策直接改变了特斯拉在从 1 到 100 的阶段的发展步调，后续的全球化布局、产品推出计划、供应链计划、投资计划和人力发展计划都深受其影响。

战略性计划的影响是长期的，往往不会对当年的经营目标产生正向的效果，更多地体现为当年成本费用的增加和现金的流出。考虑到这种滞后效应，战略性计划的成效及其完成时间需要在制定时明确。在制定新的年度战略性计划时，对以前年度战略性计划的执行效果进行回顾是必需的，在总结旧计划达成情况的同时，为新计划的制定提供决策输入。国内的企业通常采用后评价的方式对已实施计划的成效进行评估。这种评价方式主要的意义在于总结经验教训，为未来的决策提供参考，无法起到对当前计划进行纠偏的作用。回顾应该是持续性开展的。

例如，华为的 IPD 研发管理流程的重要功能就是持续对产品管线的预期价值进行评价。基于市场反馈和对自身能力的评价，如果提升客户体验和降低客户付出成本的目标无法达成，该产品的研发就会被及时终止。

（2）经营性决策与计划

和战略性计划一样，经营性计划也是建立在关键决策基础上的。经营性计划的决策通常是以提出重点举措的方式体现出来的。首先，明确重点客户开发举措。洞察客户需求是开发客户的前提，而这不仅需要收集和分析线索，还需要创造性地引领客户需求。

影石公司作为运动广角相机行业领先者，把广角视频后期处理过程简单化。影石在降低产品使用门槛的同时，借助运动达人提高产品的曝光度，成功促进了广角相机的销售。影石的成功看似简单，但这背后反映的是其对户外运动产品消费趋势的深刻洞察。所以，基于客户价值增长的长期目标是引领客户需求的前提。

其次，明确营销计划，根据消费人群和产品力制定出营销举措是关键。

仍以影石公司为例，其最大的市场在海外，依靠与运动达人签约，要求其每日更新视频是其提升市场渗透率的关键举措。在开展这些举措前，影石的产品一度被百思买（Best Buy）踢出卖场。这说明了只靠产品力获取个人力量来进行市场渗透是低效的，只有通过品牌力增强社会力量才能高效获客。

在精准化营销日益被重视的今天，依托数字化技术和渠道丰富营销举措成了企业的必选项。但同时也需注意到，数字化营销方式增强社会力量的作用是有限的，尤其是在流量成本高企的情况下。以品牌宣传的方式赢得潜在消费者的统一认知，在此基础上再利用数字化营销提升转化率可能是更有效的举措。

最后，对于消费者，企业的产、供、销计划是商品可得性的保障。对于企业，产、供、销计划是其实现规模效应、降低生产成本和优化库存的工具。企业在制定产、供、销计划方面已经非常成熟，如丰田的精益生产。必须强调的是，产、供、销虽然是价值创造的过程，但其必须服从客户体验和企业效益等价值目标。另外，在人工智能逐渐成熟的情况下，用机器学习加规划求解算法赋能产、供、销决策是有效的手段。通过机器学习，产、供、销过程中的装备、工艺、物料、物流、能源、人员等因素的相互依存关系可以得到深度挖掘。以边际贡献等价值目标最优为导向，结合价格和供需等制约条件的输入，并依托机器学习的成果规划求解算法，可以对原料、产品、生产要素的总量和结构进行动态优化。

制定年度目标、年度计划和年度预算是一个从聚焦到发散，又从发散到收敛的过程。年度目标促进企业各部门在奋斗方向上达成统一认识，在目标层面实现了重要性的聚焦。在同一目标的引领下，各部门充分发挥各自的专业能力，提出了实现目标的多种方案，激发了创新，但同时也引入了部门和个人的诉求。年度预算则以投入产出和风险等要求为约束，通过资源优化配置对发散的计划进行了收敛，使得经过优选后的计划有足够的资源支撑。

＜案例＞

亚马逊基于飞轮效应理论的年度计划管理实践

亚马逊，作为行业领先的电子商务公司，以其独特的运营策略和高效的管理机制在全球范围内树立了行业标杆。其中，亚马逊的年度计划管理实践基于著名的"飞轮效应"理论，这一理论强调了丰富的选择、便利性和低价格三大要素在提升用户体验中的关键作用。

首先，亚马逊在年度计划中重视丰富选择的实现。通过全球范围的大规模招商，亚马逊持续增加商品的丰富性，以满足消费者对商品的需求。在OP1中，各个团队详细规划如何拓展商品类别、引入新的供应商或增加现有商品的多样性，确保"丰富的选择"这一飞轮效应理论支柱得以稳固。

其次，提升购物的便利性是亚马逊年度计划的另一个重要方向。在OP1制定过程中，团队详细设计和优化平台功能和服务，如改进搜索算法、提升页面加载速度、开发新的移动应用功能等，旨在提供便捷、舒心的购物环境，确保飞轮效应理论中的"便利性"支柱得以稳固。

最后，亚马逊通过年度计划落实低价格策略。在计划中，公司设定降低成本和提高效率的目标，涉及供应链优化、仓储物流自动化和采购策略调整等措施。在OP1中，团队明确列出实现这些目标的具体行动计划和预期节省的成本，确保飞轮效应理论中的"低价格"支柱得以稳固。

除了上述三个具体要素，亚马逊的年度计划还全面关注用户体验的整体提升。这涵盖了提升用户服务质量、优化退换货流程、增强用户数据保护等多个方面。在 OP1 中，团队详细规划这些方面的改进目标和实施路径，以确保用户的整体购物体验得到持续优化。

为了确保计划的有效执行，亚马逊采用了严谨的年度计划流程、S-Team 目标流程和薪酬制度等机制。从每年夏季开始的年度计划制定任务，需要每个团队的管理者和员工紧张工作 4~8 周来完成，因为一个精心制订的计划能够大大降低下游成本。

在 OP1 流程中，首先为整个公司设定最高层级的期望或目标，然后将其细化为各个团队的运营计划。这些计划由财务和人力资源部门合作制订，并提交给公司的领导小组进行审查和调整。领导小组会根据团队的规模、影响和战略地位，对自下而上的团队目标与自上而下的公司目标进行协调，有时甚至需要反复修改和提交计划，直到达成一致。

在秋季完成 OP1 流程后，亚马逊会在第四季度休假高峰期结束后进行必要的调整，形成 OP2，以反映最新的业绩状况和业务发展轨迹。每个团队都会对标公司的 OP2 目标，对各自的目标进行优化调整，这些目标达成一致后，将被纳入每个团队应完成的业绩目标中。

在整个年度计划管理实践中，亚马逊的 S-Team 扮演着关键角色。S-Team 审阅各个团队的运营计划，选取最重要的举措和目标，形成"S-Team 目标"。对 OP2 的任何改动都需要得到 S-Team 的正式批准。

总的来说，亚马逊的年度计划管理实践充分体现了飞轮效应理论的核心思想，即通过丰富的选择、便利性和低价格这三个关键要素不断提升用户体验，从而驱动公司的持续增长和发展。这种以用户体验为中心的年度计划管理方式，不仅确保了亚马逊在竞争激烈的市场环境中保持领先地位，也为其他企业提供了宝贵的管理经验。

基于价值创造短板合理分配预算

预算最早是政府管理财政收支的一种制度安排，后来逐渐成为企业管控绩效的方法和机制。在具体应用中，业界对预算的定义有广义和狭义之分。全面预算是广义说法。按照《企业内部控制应用指引第 15 号——全面预算》的定义，全面预算是指企业对一定期间的经营活动、投资活动、财务活动等做出的预算安排。从大多数跨国企业的实践来看，狭义预算通常指财务预算。相比全面预算，财务预算的作用更多在于站在财务的视角进行资源配置和管控。

1. 预算配置的基本原则

资源的需求端为各类计划，相应的预算也可分为战略性预算和经营性预算。战略性预算由产业布局牵引，预算的核心是为产品研发、合作伙伴开发、产能建设和人才储备配置所需的人、财、物。经营性预算由客户增长计划驱动，预算的核心是为引流、渠道拓展、生产运行和供应链配置所需的人、财、物。为了保证可比性，在实际操作过程中，人、财、物最终都以货币的形式体现为投资、成本费用及对应的现金流出。作为优化资源配置的机制，量入为出是预算的第一原则，入是现金流入，出是现金流出。流动性匹配是预算的第二个原则。这意味着短期资金不能用于长期投资等支出。在资源大盘和结构确定的前提下，把钱用到刀刃上是第三个要坚持的原则。年度资金平衡模型如图 4-6 所示。

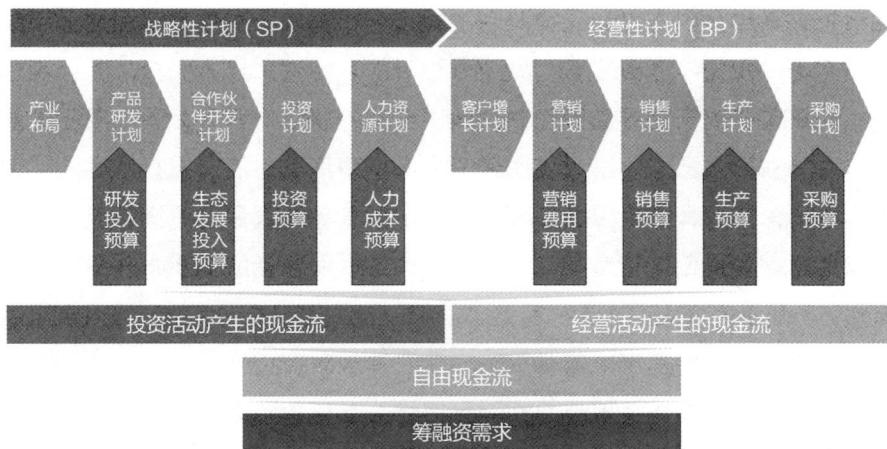

图4-6　年度资金平衡模型

2. 预算配置指引

（1）做到量入为出

保障资金总量平衡是量入为出的核心目的，自由现金流是其中的关键衡量指标。简单地说，自由现金流（Free Cash Flow，FCF）是指企业经营活动产生的现金流（Operating Cash Flow，OCF）扣除资本性支出（Capital Expenditure，CE）的差额，即FCF=OCF-CE，指在不危及企业生存与发展的前提下可分配给股东（和债权人）的最大现金流。原则上，企业可动用的资金上限可用以下公式计算。

企业可动用的资金上限 = 企业自身造血能力 + 外部筹资上限

企业自身造血能力 = 经营活动产生的现金流入 - 目标自由现金流

外部筹资上限 = 资产总额 × 目标资产有息负债率 - 现有有息负债

资金需求总量可用经营活动产生的现金流出与投资活动产生的现金流净额的和来表示。如果资金需求总量超出企业可动用的资金上限，就说明资金总量不平衡，需要通过优化资源配置来缩减需求规模。当然，即使资金需求总量小于企业可动用的资金上限，也不表示所有的资金需求都可以得到满足，还要看其是否符合第二和第三原则。

（2）守住流动性匹配底线

流动性的匹配性可以通过比较资金供需期限来评价。但在实际的运营中，鲜有企业这么做，短贷长投才是常态。从短期来看，短贷长投一方面可以快速满足企业的资金需求，另一方面也可以降低融资成本。但从长期来看，一旦金融环境发生逆向变化，短贷长投的副作用就会被放大。轻则，企业不得不变卖资产来偿债；重则，企业被逼破产重整。所以，从稳健的角度出发，企业不能突破流动性匹配底线。万科和龙湖能在本次房地产调控中屹立不倒，很大的原因就是这两家企业坚持了流动性匹配原则。龙湖的负债期限在7年左右，与其房地产项目的开发周期基本一致。这也是很多房企纷纷发生债券违约，而龙湖还能提前还债的原因。

（3）钱要用到刀刃上

前两个原则的意义在于统筹可分配资源的总量和结构，为资源分配划定边界，防止企业超出自身能力配置资源。第三个原则用以确定边界之内的资源配置优先级。价值创造短板指重要性高并且投入产出比可以有效提升的领域。不同的企业对重要性有不同的理解，初创企业会认为打开产品销路最重要，成熟企业会认为提升利润更重要。不同的业务、组织和职能对重要性的理解也不一样，大部分会从本位主义出发认为自己的工作更重要。所以，为了相对客观地配置资源，首先企业内部要在对重要性的理解上达成共识。

重要性可通过目标优先级和目标贡献度来评估。目标优先级高的业务和计划，其重要性相对就高。例如，亚马逊始终把提升客户体验作为首要目标，相比其他举措，提升客户体验举措的重要性就高。目标贡献度指举措预期成效对完成总体目标的贡献程度，目标贡献度高的举措重要性自然也高。

通过重要性评估，目标导向性得到加强，目标贡献度高的计划和举措突显。在明确资源投向后，如何精准配置资源就成了预算过程中的主要挑战。提升投入产出比是精准配置的核心目的。以波士顿矩阵中的金牛类业务为例，其利润和现金流表现虽然都很好，但价值提升空间有限，资源的边际效益呈递减趋势，不再是价值创造短板，继续对其加大投入不再经济。

按照支出的必要性，资源需求可分为刚性需求和弹性需求两种。例如，原料需求就是刚性的，没有原料，企业就无法持续运营；而广告需求相对来说就是弹性的，不做宣传企业也不会马上停摆。经营性计划所需的资源一般具有刚性的特征，战略性计划所需资源的弹性更强一些。

对于刚性需求，弹性化是提升投入产出比的有效手段。通过用途弹性化，以前必须用的资源不再需要。例如，借助 VAVE，产品的原料构成可以得到持续精简，无价值的资源需求可以从根本上得到消除。通过耗用弹性化，资源单位产出可以持续得到提升。提升设备或装置产能、降低原料单耗、提升员工劳动生产率都是典型的耗用弹性化举措。把固定成本变为变动成本，也是耗用弹性化的一种方式。云服务的价值就在于把企业的 IT基础设施和软件服务投资由固定成本变为变动成本。价格弹性化在降低原料价格和渠道费用方面有广泛的应用，通过把折扣／返利与采购量或销售量挂钩，价格会呈现阶梯式下降趋势。

弹性需求的特点是投入和产出的关系是模糊的，不投肯定不会产生效果，投了也不一定能产生期望的结果。唯一确定的是，持续地投入可提升达成既定目标的概率。这点在研发投入和品牌建设方面表现得尤为突出。要提升弹性需求的资源配置效率，采用偏刚性的方法会更加有效。这里的刚性可从两个层面来理解。第一个层面指的是资源投入的比例要保持刚性。华为在科研方面的投入就采用了这样的做法，其每年科研投入占收入的比例基本都保持在 20% 以上。第二个层面的刚性指的是对投入产出比要求的刚性。单个项目产出具有不确定性不意味着资源配置没有标准。大部分跨国企业对产品研发支出、促销活动支出等弹性支出都会有明确的投资回报率要求，并通过定期回顾的方式进行动态监控。对于无法达成要求的项目，无论前期投入多少，都会及时叫停。

企业除了从产业和计划层次来配置资源外，为了明确责任，还会按战略经营单位（Strategic Business Unit，SBU）和其下属的责任中心来配置资源。这二者通常存在明确的对应关系，一个或几个产业会形成一个SBU，每个具体计划也会明确承接责任中心。只要明确了产业和计划所需资源，就完成了资源在责任中心的配置。

＜案例＞

英国石油（BP）的资源配置策略

英国石油（BP），作为全球能源领域的领军企业，正在实施一项全面而精细的资源配置策略，以支持其向低碳和能源转型活动的战略转移。这一策略由BP的首席财务官默里·奥金克洛斯（Murray Auchincloss）在BP周的最后一场重要会议上详细阐述。

BP的新财务框架围绕三个坚实的原则和优先事项构建。

一致且明确的资本配置方法：BP采取了一种连贯且目标明确的资本分配方式，明确了现金使用的优先级。这一策略的实施分为两个阶段。首先，保证每季度每股普通股5.25美分的稳健股息，以保障股东的基本收益。其次，降低资产负债表的杠杆率，目标是在短期内将净债务降至350亿美元，并在此后维持较高的投资级信用评级。

坚韧且适应性强的资产负债表：BP致力于打造一个坚韧且适应市场变化的资产负债表。为了实现这一目标，BP计划在短期内将净债务降至350亿美元，并在此后持续保持较高的投资级信用评级。这一目标的实现将得到现金流覆盖比率的支撑，该比率在整个经济周期内保持在30%~40%，以确保财务稳定性。

严谨且灵活的投资方法：BP在明确的投资范围内采取严谨且灵活的投资方法。这包括对能源转型战略进行足够的资本投入，随着短期去杠杆化目标的实现，这一投入将会逐步增加。同时，BP也会审慎地投资于其韧性强、价值高的碳氢化合物业务，以产生可持续的现金流并保护公司的核心业务。

在达到350亿美元的净债务目标并维持较高的投资级信用评级后，BP

承诺将至少 60% 的剩余现金用于回购股份。这种资源配置策略不仅为股东提供了直接的现金流上行风险杠杆，还强化了公司的投资纪律和提高了资本效率。

BP 的资源配置策略还包括对其投资标准和过程的深度更新，以更好地适应公司重新定义的战略方向。投资决策将基于六项核心投资标准，包括战略一致性、回报、波动性、整合价值、可持续性和风险。资源分配将在各个业务单元之间更加灵活和敏捷地进行，以应对不断变化的市场环境。

此外，BP 设定了严格的门槛回报率，以确保投资项目的经济效益。例如，所有在成熟市场中的上游石油、炼油和燃料零售投资需在 10 年内收回成本，上游天然气投资需在 15 年内收回成本。对于过渡和低碳投资项目，BP 设定内部收益率为 10%~15%，以确保这些项目能够在推动能源转型的同时，为公司带来稳健的回报。

总体而言，BP 的资源配置策略旨在驱动 EBIDA（基本替代成本利润减去利息和税前，加上折旧、摊销和注销的勘探支出，减去基础替代成本基础的税收）每股收益的强劲增长，提高平均资本占用回报率（ROACE），并在资本使用上实现重大转变。这一策略体现了 BP 在应对市场变化、满足消费者偏好和社会期望，以及推动能源转型方面的坚定承诺和前瞻性视野。通过这种方式，BP 不仅在塑造自身的未来，也在为全球能源行业的可持续发展树立新的标杆。

在持续的"变"中也能进行持续的预测

1. 预测的难点、痛点和堵点

环境在变，企业计划和预算也需要做出相应的变化，这是毋庸置疑的。但哪些变，哪些不变，如何变，成了企业绩效管理面临的挑战。为了应对这些挑战，预测也就应运而生。作为年度目标、年度计划和年度预算工作的延续，预测的核心价值在于预测变化并及时形成应对举措，以推动年度目标的实现和资源配置的持续优化。

由于"变"已经成了这个时代最大的确定性，企业对预测的重视程度也在逐步加强。但出于预测与考核的相关度不高、编制窗口期短等原因，相比年度预算，预测在企业的应用机制还有待完善。如何预测变化及其对目标的影响是预测的难点，如何基于环境的变化调整目标是预测的痛点，如何实现业务计划和资源配置同步调整是预测的堵点。难点不解决，预测的价值就无从谈起；痛点不解决，预测的价值导向就容易紊乱；堵点不解决，预测就无法转化为行动。

2. 持续预测

持续预测是解决难点、痛点和堵点的有效方法。相比大部分企业采用的滚动预测，持续预测变化和适时反馈、动态调整目标和持续优化资源配置是持续预测的特点。场景化模拟是当下通行的持续预测方法，基于人工智能预测变化将是未来的方向。

（1）数据驱动的决策支撑体系是持续预测的灵魂

如果企业能基于经济周期和产业周期制定年度目标，那么大的价格和需求等波动趋势已在制定年度目标时得到考虑，但波动发生的时间还是难以预测，另外，突发性的波动也时有发生，这都是预测变化的困难之处。场景化模拟是解决这个问题的通行做法。在无法准确预测变化的情况下，退而求其次，把可能发生的变化都提前考虑到，并基于此形成相应的预案。当某种预想场景真实发生时，就可以按照预案快速响应。要想让场景化模拟产生预期效果，需要具备两个前提。一个是计划可实时调整，另一个是企业要预留足够的资源以应对变化。如果计划无法或者不能实时调整，场景化模拟建议的举措也就无法落地。例如，对于石化行业，原油价格变动时，即使通过场景化模拟产生了原油采购优化预案，原油采购计划也无法按此调整，因为原油从发起采购到进厂一般需要 2 个月的时间。预留资源是保有选择权的基础，当外部环境变化趋势与预想不相符时，可及时动用资源采用其他应急方案。仍以石化行业为例，虽然原油采购计划无法适时调整，但可以采用点价和套期保值等方式来应对价格变化，而这需要额外的资源来支撑。

场景化模拟虽然从一定程度上可以缓冲变化对业务的冲击，但本质上还是以预防为主，为可能出现的风险预设方案和预留资源。要从根本上解决问题，企业还需要提升预测变化的能力。人工智能的出现，丰富了预测工具的种类，提升了预测变化的准确性。本书第 5 章将展开说明如何通过构建数据驱动的决策支撑体系来感知变化、洞察差异和科学决策。

（2）目标的变与不变

预测可以看作实现目标的一种手段。原则上，如果目标所依据的前提没有发生根本上的逆转，目标应该保持刚性。但目标如果太过刚性，一方面可能会出于环境的原因而不再适宜，从而误导业务计划和资源分配，另一方面也会限制责任单位主观能动性的发挥。

为了既能保障目标的实现，又能根据环境变化动态调整目标，目标应该基于确定性和重要性分级分层。既确定又重要的目标要尽量保持其刚性，对环境高度敏感且重要性低的目标可以基于环境动态调整。例如，对于壳牌这样的以股东价值为先的企业，稳定持续的分红是其最看重的，而收入和油价息息相关，确定性很低。在执行过程中，分红目标基本不会随油价变化调整，但收入目标需要根据油价变动适时调整。假如收入目标不能调整，原油加工量和产品结构就无法优化，EBIDA 就无法基于油价动态优化，最终分红目标也就无法达成。

具有不同价值导向、处于不同发展阶段的企业，目标的确定性和重要性也不尽相同。企业可基于自身的"二维四象六方"企业价值评价体系来明确哪些目标是可变的，哪些目标是不可变的。在企业内部，对于组织的不同层级来讲，目标的可变性也不一样。对战略层来讲，除了长期目标不可变之外，其他的目标都可以根据情况调整。而站在运营层的角度，目标就基本变成了刚性的。为了使得目标能发挥引领和激励的作用，应该把影响运营层的环境因素和主观能动性因素分清楚，以便在环境变化时，运营层有动力发挥主观能动性去应对变化。例如，对于一个产品价格由市场决定的大宗商品企业，如果其收入目标不能拆分为销量目标和价格目标，目标的达成情况就不能真实反映组织的能力。价格下跌时如果还按既定的收入目标来考核业绩，销售团队估计也不会有积极性去拓展销售，因为即使努力了，考核的结果可能也不好。

（3）资源的调与不调

资源根据计划动态调整按道理是顺理成章的事。但在实际中，出于资源的稀缺性和调整审批周期等原因，动态优化资源并不是容易的事情。如果需要追加资源，企业一般会设置很严格的审批流程来进行管控，等审批通过了，有可能时机已经错过。如果需要减少资源投入，已分配的资源再想收回基本上是不可能的，除非企业遇到了不可持续经营的情况。

为了避免以上情况的出现，持续预测会把资源需求分为常规性需求和非常规性需求两种。人力、场地、网络等需求一般为常规性需求，营销活动、研发项目和投资项目一般为非常规性需求。对于常规性需求，公司会仿效市场机制为每类业务活动的资源需求制定标准。资源跟着业务走：如果业务计划进行了调整，计划的业务活动不再发生，相应的资源自然也就被释放，新增的业务活动自动按照标准匹配相应的资源。对于非常规性需求，公司会为每类事项设置总的资源盘子，设定的依据通常为公司的战略方向，例如研发投入不能超出某个底线。总的资源盘子一般不做调整，除非公司的现金流发生大的逆转。具体的项目根据评审结果出入库，出库的项目释放资源，入库的项目配置相应资源。为了提高资源优化审批效率，对非常规性需求会根据重要性设置相应的审批层级。部门级的需求由部门领导或者评审委员会审批即可，公司级的需求则需要经过公司相关的评审委员会审批。

持续预测把定期做的工作变为日常工作，并且工作的精益化程度有了质的变化。要想有效地开展此项工作，数据驱动的机制和平台成了必需。

＜案例＞

一家医疗器械公司基于 AI 技术的销售预测实践

在现代供应链管理中，产销动态平衡对企业的运营效率和成本控制具有决定性影响。准确的销售预测是实现这一平衡的关键，但传统的预测方法由于其不稳定性及受主观因素和营销活动影响大，已无法满足日益复杂和快速变化的市场需求。

为此，一家领先的医疗器械公司选择了基于 AI 技术的销售预测解决方案，以应对市场挑战并提升其业务表现。该公司自成立以来，一直专注于研发生物传感技术、生产和销售快速检测慢性疾病的产品。随着慢性疾病患者数量的逐年增加和市场需求的增长，以及行业政策的变化，市场竞争愈发激烈。该公司面临着库存积压和销售不足的压力，亟须利用新兴技术改善产销不平衡的状况，提升市场把控能力和感知效率。

在这一背景下，该医疗器械公司引入了 AI 零售解决方案。首先，通过对公司的零售业务进行深入调查研究，明确了其业务场景，包括客户类别（经销商和零售商）、销售链路、销售目标、预测目标以及产销协同的应用需求和现有业务痛点。

在理解业务场景的基础上，AI 零售解决方案的目标是利用 AI 和大数据技术建立销售预测模型，实现销售预测流程的平台化、数字化、智能化。具体来说，预测目标涵盖了时间维度（年度和月度预测）和产品维度（常规品和新品预测）。通过收集与内部和外部影响因素相关的数据，如产品销售单价、发货周期、销售时间节点、区域差异、客户需求、竞争环境等方面的数据，销售预测模型能够进行全面、自动的数据分析。

在 AI 建模过程中，数据预处理阶段是关键。原始数据需经过清洗、转换和筛选，以确保数据准确可靠。特征工程则将原始数据转化为可用于建模的特征，包括特异性特征（如销售单价、营销活动等）和宏观特征（如居民消费价格指数、百度搜索指数等）。

在模型选择与训练阶段，AI 平台提供了多种适用于销售预测的 AI 算法，如 LGB、Prophet 和 ARIMA 等。这些算法可以根据数据的不同特征和背景进行选择，并通过协变量提高预测准确性。

在未来的服务中，该公司将进一步推动 AI 系统的落地和销量预测协同平台的构建，以实现更高效的供应链管理和决策支持。

这家医疗器械公司的 AI 零售实践证明，基于 AI 技术的销售预测不仅可以提高预测的准确性和实时性，还能帮助企业优化产销协同，解决库存积压和供应不足的问题，从而让企业在激烈的市场竞争中抢占制高点。这一成功案例为其他医疗器械公司提供了宝贵的经验，展示了 AI 技术在销售预测和供应链管理中的巨大潜力和价值。

第 5 章

数据驱动的企业绩效决策支撑体系

➤ 更好的预测会产生更好的决策

对于航空业来讲，时间很重要。例如：如果飞机在地服人员准备好之前降落，乘客和机组人员就会被困住，如果飞机降落的时间晚于预期，地服人员就会闲置，从而提高成本。因此，当一家美国大型航空公司从一项内部研究中了解到大约 10% 的航班的预计到达时间和实际到达时间之间至少有 10 分钟的间隔，30% 的航班至少有 5 分钟的间隔时，它决定采取行动。

当时，该航空公司依赖于飞行员提供预计到达时间（Estimated Time of Arrival，ETA）的行业通行做法，即飞行员在最后一次接近机场时会基于其经验预计到达时间。为了寻找更好的预估到达时间的方案，该航空公司求助于 PASSUR，这是一家为航空业提供决策支持技术的公司。2001 年，PASSUR 开始提供一项名为 RightETA 的服务，它通过将有关天气、航班时刻表和其他因素的公开数据与公司自己收集的专有数据相结合来预计到达时间，并利用机场附近安装的无源雷达站网络，收集有关当地天空中每架飞机的数据。

PASSUR 最初只有几个装置，但到 2012 年，其拥有的装置已经超过 155 个。每隔 4.6 秒，这些装置就会收集其"看到"的每架飞机的广泛信息。这产生了大量的数据。更重要的是，PASSUR 保留了其收集的所有数据，因此它拥有十多年的大量多维信息，从而可以进行复杂的分析和模式匹配。

使用 RightETA 后，该航空公司几乎消除了预计到达时间和实际到达时间之间的差距。PASSUR 认为，如果航空公司能够知道其飞机何时降落并做出相应的计划，那么每个机场每年大约会增加数百万美元的效益。

这是一个典型的数据驱动决策的场景。使用数据可以产生更好的预测，而更好的预测会产生更好的决策。

数据驱动决策需要持续关注

1. 什么是数据驱动决策

数据驱动决策是企业绩效管理一直以来追求的目标。在过去，囿于数据获取难度大和加工成本高等原因，传统的企业绩效管理把着力点放在了基于企业内部历史数据的管控和评价上。通过对重大差异形成原因的分析，识别需要改进的领域，形成对战略和战术等决策的反馈，支撑决策的调整和优化。

严格意义上讲，这种"后灯"式的方法算不上数据驱动决策。一方面，这种方法对提升决策科学性的作用有限，其最大的价值在于反映差异，但形成差异的原因是前期决策有问题还是执行不力，其无法给出准确答案。另一方面，这种方法只能陈述发生了什么，而无法预测未来会发生什么，因此也无法有效支撑当前的决策，特别是在"黑天鹅"和"灰犀牛"事件频发的乌卡时代。

真正的数据驱动决策是基于模型、算法得出的因子以及目标的量化关系，把数据、信息和报告作为"前灯"，预测在当前环境下的可行目标及实现目标的最佳选择。和依托经验的决策机制相比较，数据驱动决策适用于不断变化的决策情境和更为复杂、不能在早期进行明确定义的决策问题。在决策效率、决策客观度、决策透明度和决策自主度方面，数据驱动决策有着不可比拟的优势。针对专家与算法孰优孰劣的问题，心理学家保罗·米尔（Paul Meehl）开展了长达 60 年的研究。他曾总结："各种研究结果均指向了同一个方向，那就是在从足球比赛的结果到肝病诊断的诸多预测中，你很难找出几个预测的结果是对专家和临床医生有利的，我们就此可以得出切合实际的结论。"

2. 企业绩效管理数字化是建立数据驱动决策机制的良机

由于互联网企业和大数据、人工智能等数字化技术的直接联系，数据驱动决策率先在互联网企业得到规模应用。例如，作为一项常用的数据驱动决策方法，A/B 测试在字节跳动的产品开发过程中得到了广泛应用。字节跳动在产品命名、交互设计等方面，比如改字体、弹窗、界面，都会做 A/B 测试，抖音这一名称也是通过 A/B 测试选出来的。

数据驱动决策能在互联网企业得到普及，离不开充分授权的决策机制、大数据的处理能力以及智能化技术的深度应用。这些往往是传统企业不具备的条件，是传统企业在推行数据驱动决策时面临的挑战。

面对这些挑战，传统企业如何破局？把企业绩效管理数字化作为契机是一个不错的选择。在数据层面，企业绩效管理部门作为内部管理和财务数据的拥有者，相比其他管理体系，其在数据获取、处理和应用方面有着得天独厚的条件。在应用层面，作为战略到执行流程的所有者，该领域也有着丰富的数据驱动决策场景待开发。在组织层面，企业绩效管理的一项重要职责就是推动责任单位下沉，实现组织的自我驱动、自我决策和自我进化。在技术层面，越来越成熟的企业绩效管理数据中台等技术为数据驱动决策提供了支撑。

＜案例＞

用数据驱动决策的思维为一家小面馆出谋划策

张三汤面馆是一家坐落在二线城市的小餐厅，餐厅位置在市中心的一条胡同内，主要卖羊杂汤、拉面、烧饼、凉菜等。餐厅在试营业期间通过 6 折促销活动来吸引客流，为期 10 天的促销活动产生了很好的效果，日营业额最高达到了 6000 元以上。但是当价格恢复正常后，日均业务量较试营业阶段下滑 50% 以上。如果你是这家餐厅的老板，如何用数据驱动决策的思维扭转颓势？

　　流量是餐饮企业的经营密码，也是数据驱动决策的抓手。餐饮企业要想赢利，需做到：位置要好、产品和定价要符合地域人群特点、固定成本要尽量控制到最低、制作工艺要标准化。因此，在经营分析中，外部关键指标是单数、客户数、客单价等，内部关键指标是现金流、盈亏平衡点、产品毛利等。餐饮企业经营指标分解示例如图5-1所示。以企业赢利作为数据驱动决策的主线，可形成以下经营改善建议。

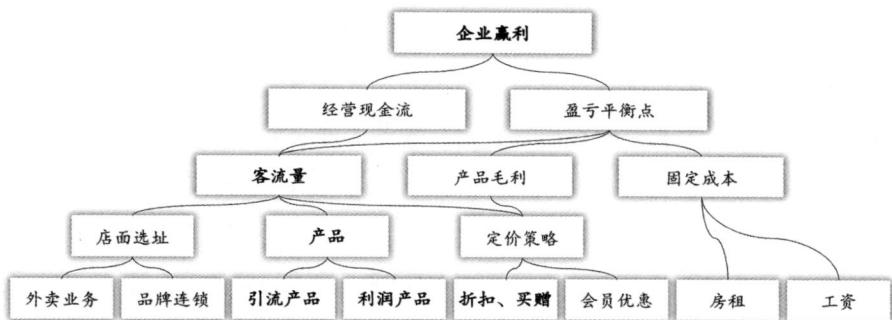

图 5-1　餐饮企业经营指标分解示例

　　店面选址：这家餐厅的位置不好，如果只提供堂食，影响人群范围仅限于方圆1千米左右，导致客流量少。当然，解决该问题并非一定要选择人流量最多的位置，因为这样在增加客流量的同时，也增加了固定成本（房租）。增加线上外卖业务会是目前最佳的解决方案，这样不仅可以扩大品牌效应、增加客流量，而且可以节约一定的固定成本。在考虑提供外卖的同时，还要考虑产品的特殊性（比如拉面等产品是否适合外卖）。

　　产品：如果拉面是引流产品，则必须有其独有的特点。如果周边面馆太多，拉面很难出众，且作为外卖时很难赢得客户的认可。若羊杂汤是引流产品，则需要考虑定价及周边客户的消费水平。因此，经营者在选品上一定要慎重，要分清哪些产品是引流产品（客户喜欢但是利薄的产品），哪些是利润产品（大部分客户会购买且毛利较高的产品）；同时，要根据门店定位和客户喜好，来决定引流产品是定期创新，还是保持原有口味。比如，客户主要是邻里街坊，则保留经典产品；若客户主要是商场、写字楼里的工作人员，则可能需要多进行产品创新。

定价策略：根据这家餐厅试营业期间的经营结果来看，在打折促销时业务量是正常价格时的一倍以上，从一定程度上说明了产品的定价与周边客户消费能力有一定的差距。那么，在制定各类产品的定价策略时就要平衡产品毛利水平与客户数量的关系。换言之，就是经营者要算一笔账：在制定折扣价、会员价、满赠等策略时，哪些产品可以增加回头客的消费。而每增加一个回头客，就会摊薄固定成本，从而实现赢利。

固定成本：固定成本包括门店租金和人工成本，这里需要特别说明的是人工成本与员工业务能力的匹配度。餐饮企业有两类人工成本：一类是负责高端菜式的主厨人员的工资，这类人员通过研发核心产品吸引客户，因此，工资需要与其专业能力及客流量相匹配；另外一类是普通餐饮服务人员的工资，由于该类人员的薪资水平不高，因此，标准化、高效率的服务成为管理的核心要素。这家餐厅的主要人工成本集中在后者，因此，提升服务标准化程度、机器自动化率、服务效率是核心改善点。

依据上述对业务的经营分析，对这家企业的经营者来讲，经营改善的核心就是拓展/挽留客户、保证客流量及业务量，从而保证其现金流及实现盈利。

为了把数据驱动决策思维引入常态化管理中，该面馆可考虑使用通用化的记账软件工具。软件成本低、通用性强、数据实时性强，能与前端业务系统（如POS机等）高度集成，能为企业经营者快速提供实时的企业核心经营状况，便于经营者发现问题、及时采取行动举措。

上述案例是一个很小的餐饮企业案例，但是通过对其行业特点、经营重点等的分析，发现其经营分析的核心指标集中在现金流、盈利性等指标（客流量、业务量、价格、固定成本）上。在其他行业领域，这些经营指标大部分是通用的，只是某些指标可能在某个行业不适用，如应收账款（餐饮行业一般是预付或者现付，因此应收账款较少）、存货（餐饮企业因为要保证食品的新鲜度，因此存货周转较快、积压较少）等。因此，经营分析的核心指标体系具有一定的通用性，但企业需要根据行业特点及经营特点选择适用于自身的指标。

在管理工具的拓展应用方面，由于大部分餐饮企业的规模相对较小、经营模式简单，因此，管理工具具有通用化、便捷性、灵活性、实时性等特点。但是对于大中型企业来讲，由于其业务模式相对复杂、前端业务系统较多、涉及组织范围较广，因此，管理工具应用和拓展的周期较长、难度较大。但是，无论是什么样的企业，应用管理工具时，都应该秉承时效性、便捷性等理念，否则，投入成本与管理收益就不能成正比，造成管理成本过高。经营者要学会抓住经营管理重点，不能把管理系统做成大而全的"万能系统"。

持续迎接变化：
数据驱动的决策支撑体系框架

构建数据驱动的决策支撑体系框架的目的在于：引导企业形成基于数据感知变化、基于模型洞察规律、基于预见决定方向、基于目标规划行动的管理机制，赋能战略层、管理层和运营层的决策行为，全面提升决策的科学性、及时性和可控性，持续优化客户、企业、员工、股东和合作伙伴的价值创造活动。

数据驱动的决策支撑体系框架如图 5-2 所示。变化是决策的动因，也是决策的起点。环境变了，决策就需要跟着调整。对变化的感知越精确、越及时，决策的合理性和及时性就越能得到保障。环境变化来自人、物和事的变化。理论上，要精准感知变化，就需要把人、物和事的特性设置为指标，并持续不断对其进行监控。所以，环境的数据化和信息化能力是形成数据驱动决策机制的基础。互联网企业之所以能形成数据驱动决策的文化，和其对环境信息，特别是用户信息的掌握程度密不可分。无论是电商基于客户画像的运营，还是短视频平台基于用户偏好的内容推送，都离不开利用连接能力对用户信息和行为的持续跟踪和量化。

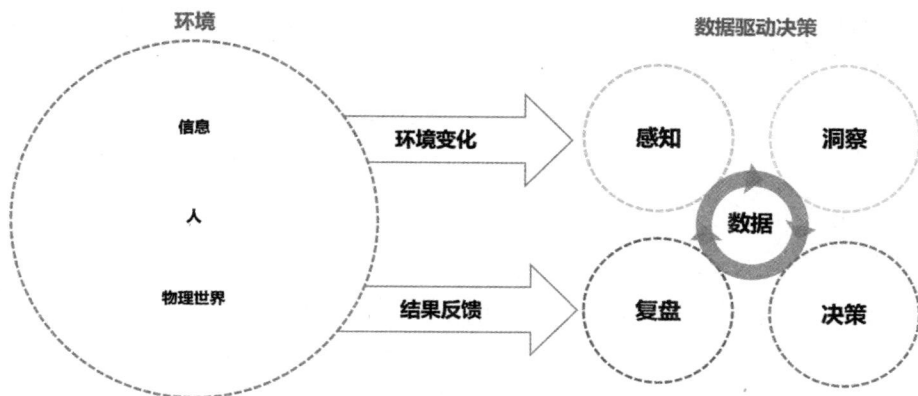

图 5-2　数据驱动的决策支撑体系框架

感知的本质是把数据转化为信息，从而对量变与质变做出判断，以触发决策流程的启动。感知能力除受到数据的丰富度和准确度影响之外，用以作为判断的阈值更为关键。阈值一般是基于对历史数据的分析得出的界限数值。随着环境的变化，阈值也会动态调整。例如，对于石化行业来讲，产品的价格往往具有周期性，基于产品所处的周期阶段，通常可以对价格走势做出预判。但是，随着炼化一体企业的出现，行业的最低盈亏平衡点大幅下降，行业的价格阈值也就随之下降。

基于定性还是定量关系开展决策是数据驱动决策和经验决策的分水岭。洞察是寻找目标影响因子及其量化关系的过程，洞察力是形成数据驱动决策机制的核心能力。随着人工智能的发展，模型和算法成了提升洞察力的第一生产力。虽然不同的人工智能学派对洞察有不同的理解，如符号学派认为洞察的本质是归纳，联结学派认为洞察的本质是梯度下降，进化学派认为洞察的本质是遗传搜索，贝叶斯学派认为洞察的本质是概率推理，类推学派认为洞察的本质是约束优化，但洞察的本质都是探求事物之间的量化关系。现阶段，人工智能模型驱动洞察尚处于探索过程中，模型的可信度、可解释性和泛化能力制约着应用的广度和深度。ChatGPT 等大语言模型（简称大模型）的出现一方面推动人工智能洞察力实现了质的飞跃，另一方面也为人工智能驱动决策提供了拓展思路，即依托于大语言模型的算力和算法，利用专业领域的数据，通过提示学习、语境学习和强化学习，形成基于小样本数据的专业模型，在提升模型可信度和泛化能力的同时，减少模型的训练成本和使用成本。

决策的过程就是选择的过程，是企业以自身的能力和资源为约束，以效果和效率为目标，从多种可选的方案中选择最优方案的过程。数据驱动决策的底层逻辑是基于目标和影响因子的量化关系求最优解。基于该底层逻辑可以形成两类决策路径，一类是寻求实现既定目标的最佳方案，另一类是在能力确定的情况下优选目标。第一类路径的典型应用场景为排产和供应链等的运营优化决策。这类决策的目标和因子关系明确，数据容易获取，规划求解等算法相对成熟，效果也比较容易验证，正在被越来越多的企业采用。第二类路径通常用于产品开发和项目投资等的战略决策。这类决策的因子识别难，数据获取难，算法也不成熟，目前还处于探索阶段。

复盘的目的在于通过分析目标和实际的偏差找出优化的方向和举措。在这一环节，同比和环比等差异分析方法应用最为广泛，也是目前最成熟的数据驱动决策方法。基于目标和因子关系构造的决策树是差异分析方法的基础。决策树的弊端在于只能体现显性量化关系，潜在的决策影响因子对结果的影响不能完整和及时地得到反映。有必要引入人工智能方法对传统的差异分析方法进行提升和优化。通过监督学习量化显性关系，通过无监督学习发现隐性因子，再把二者结合为实用的专业知识图谱是提升复盘能力的方向。

数字化企业绩效管理要同时兼顾企业、客户、员工、合作伙伴和股东的价值，多元目标使得决策影响因子数量呈指数级增长，考虑的约束条件也由效益扩展到社会贡献等方面，单靠经验决策已经不能满足决策复杂度和响应速度的要求，数据驱动的决策支撑体系框架对企业绩效管理数字化变得尤为重要。

感知敏感度和溯源能力的双重提升：
数据驱动企业绩效感知

1. 全面、实时感知

传统企业绩效管理通常只对有发布渠道的内外部信息进行监控，例如价格、汇率等财务数据。这导致对客户价值和企业价值有重要影响的大量信息被遗漏和被忽略。不好的结果发生时，情况往往已经到了不可收拾的地步。数据驱动企业绩效感知从"二维四象六方"企业价值评价体系出发，对和企业绩效相关的内外部环境、客户行为、合作伙伴行为、员工行为、股东行为和社会舆情进行全面、实时地监控和预警。以表 5-1 所示的部分客户行为绩效因子为例，数据驱动企业绩效感知从价值要素出发，以可量化、可获取和高相关性的客户行为作为绩效因子，把感知的重心从结果延展到源头和过程，在提升企业感知敏感度的同时也增强了企业的溯源能力。

表 5-1　客户行为绩效因子示例

客户价值要素	客户行为绩效因子
客户对产品价值的体验	大众评价得分、专业评测得分、产品竞争力得分等
客户对服务价值的体验	客户咨询响应速度、售前交流时长、客户订单完成周期、客户配套服务的获取便利性、售后响应速度、售后服务的效率和成本等
客户对人员价值的体验	服务满意度评价、服务人员专业技能评分等
客户对品牌形象价值的体验	品牌价值得分、大众对品牌代言人的好感度、品牌定位人群与实际购买人群的偏差度等

续表

客户价值要素	客户行为绩效因子
客户付出的货币成本	平均客单价、性价比、与竞品价格的差异等
客户付出的时间成本	选型周期、交货周期、实施周期、学习周期等
客户付出的体力成本	运输成本、安装成本、改造成本等

2. 感知流程

数据驱动企业绩效感知的流程分为信息探源、信息接收、信息存储、特征提取和绩效感知五个环节，如图 5-3 所示。通过信息探源，实现对现实世界和网络世界信息的有效筛选；通过信息接收，实现对信息的实时和全面采集；通过信息存储，实现对结构化和非结构化信息的高效检索；通过特征提取，实现企业绩效因子的精准化和指标化；通过绩效感知，实现对变化和趋势的实时把控。

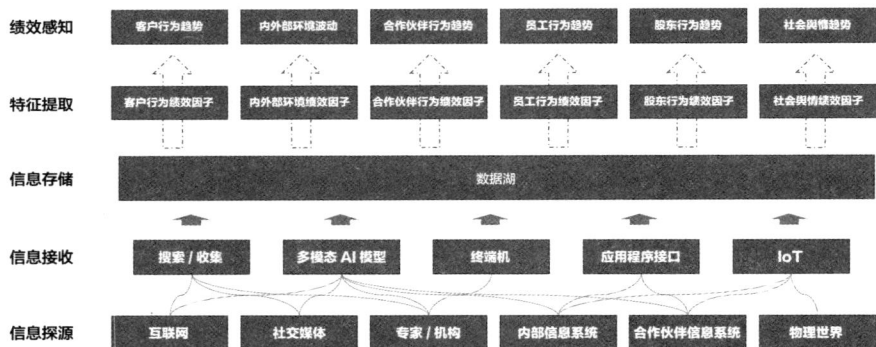

图 5-3　数据驱动企业绩效感知的流程

3. 感知方法

数据驱动企业绩效感知以机器学习的特征工程作为特征提取的主要手段。特征工程本质是一项工程活动，目的是最大限度地从原始数据中提取特征以供算法和模型使用。绩效因子特征工程可分为特征因子用途设计、特征获取方法设计、特征处理方法设计三个阶段，如图 5-4 所示。

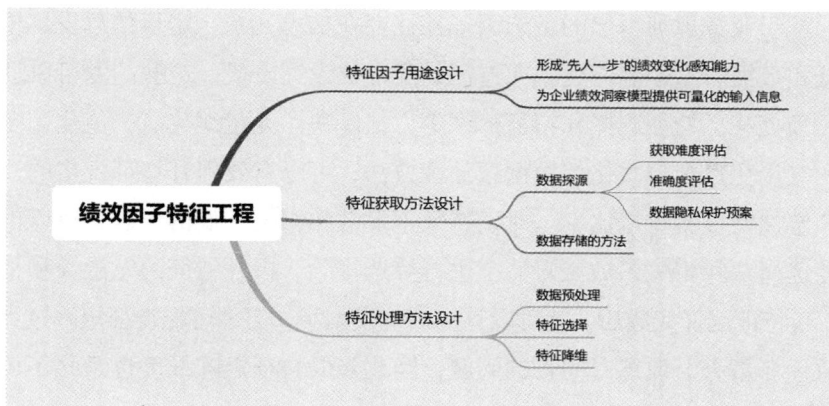

图 5-4　绩效因子特征工程

　　形成"先人一步"的绩效变化感知能力，为企业绩效洞察模型提供可量化的输入信息是构建绩效因子的主要目标。把绩效专家经验、行业领先实践和既有知识总结作为备选因子是特征因子用途设计的主要工作。例如，银行的风控人员在审核贷款申请时，会通过客户信息的一致性和还款行为来判定客户是否存在欺诈风险。如果客户提供的信息和征信系统中的信息存在多处不一致，并且半年内有连续三次、累计六次的逾期记录，这个客户的欺诈风险就会很高。依据这些专家规则，不一致信息、客户在一段时间内的还款行为就会成为信用等级的特征基础。同样的道理，构建绩效因子特征的核心就是识别和绩效高度相关的行为判定规则。

　　在特征获取方法设计阶段，数据质量和数据隐私问题是最大的挑战。由于需要用到大量的互联网数据，提升数据质量的挑战在于如何消除数据的噪声、偏见和虚假信息等问题。增强预处理力度、有针对性地去噪、模型优选和集成学习是提升数据质量的有效方法。例如，通过去重和填充等预处理方法，可以有效提升数据的一致性和完整性。使用决策树和支持向量机等模型也可以提升对完整性和噪声的容忍度。另外，数据挖掘过程中需要处理大量的用户数据，涉及个人隐私和信息安全，在应用数据挖掘技术时需要严格遵守相关法律法规，并采取措施保护用户隐私。

基于业务规则得出的备选因子往往存在信息冗余、定量信息少、相关性低和数据质量差等问题。在特征处理方法设计阶段，这些问题可以通过数据预处理、特征选择和特征降维等方法解决。无量纲化、二值化、哑编码和定量变量多项式化等数据预处理方法，可以有效提升特征规格的一致性和定性特征转定量比率。对于特征不发散和相关性低的问题，可以使用方差选择法和相关系数法对特征进行筛选排除，提升特征的发散性和相关性。当特征选择完成后，就可以直接训练模型了，但是可能特征矩阵过大，导致计算量大、训练时间长的问题，因此降低特征矩阵维度也是必不可少的。常见的降维方法主要有主成分分析法和线性判别分析。

＜案例＞

从流量感知到消费者感知

从 2018 年的"6·18"开始，阿里运营人员发现，原来奉为圭臬的销量预测公式（流量 × 转化率 × 客单价）失灵了。这意味着随着消费者逐渐成熟，降价等即时引流手段不再能带来高转化率。通过对高转化率流量的分析发现，消费者往往从"5·20"、"三八"妇女节，甚至更早就开始关注商品。因此，企业围绕进店购买消费者的"流量经营"思维需要升级为"客户运营"思维，当原来只通过店铺购买人群信息来感知消费者行为的方法已经不能满足运营需要时，全面感知消费者行为就显得非常有必要。

协同贝恩咨询，阿里引入了以 FAST 指标体系为核心的消费者资产银行，从认知（Aware，A）、兴趣（Interest，I）、购买（Purchase，P）、忠诚（Loyalty，L）四个方面感知消费者行为，为商户提供面向"客户运营"的管理工具。FAST 指标体系由四部分构成。

A、I、P、L 人群总量指数（Fertility，F）：曾达到过 A、I、P、L 状态的消费者去重总量指数化后的结果。

A、I、P、L 人群加深率（Advancing，A）：存在 A、I、P、L 状态提升（包括从 A 提升到 I、P、L，从 I 提升到 P、L，以及从 P 提升到 L）的消费者去重总量在 A、I、P、L 人群总量中的占比。

超级用户人群总量指数（Superiority，S）：高净值、高价值及高传播力消费者（即有意向与品牌产生互动的消费者，如会员）去重总量指数化后的结果。超级用户人群是品牌可以低成本、高效触及或转化的人群，与是否已经产生购买行为无直接相关性。

超级用户人群活跃率（Thriving，T）：有过活跃行为（包括 180 天内有加购、收藏、领取权益或积分、互动等行为）的超级用户人群在超级用户人群总量中的占比。

A、I、P、L 人群总量是基于消费历程中各阶段消费者数量得出的。其准确性基于阿里长期对消费者行为数据的积累。具体如下。

认知（A）人群数量：品牌或商品在阿里生态内任何渠道的信息所触及的消费者人数。

兴趣（I）人群数量：对品牌或商品表达过兴趣的消费者人数。

购买（P）人群数量：购买商品的消费者人数与忠诚消费者人数的差额。

忠诚（L）人群数量：对商品有过正向的评价或有复购行为的消费者人数。

借助于以 FAST 指标体系为核心的消费者资产银行，商家可以准确掌握客群总量、不同阶段的消费者占比和转化率等信息，以此了解自己的客户是谁、在哪，以及客户的购买时间、购买频次、购买偏好等信息。基于精准的消费者感知，商家可以形成多种有针对性的客户运营打法，例如低成本精准拉新、低成本挖掘客户关系价值和弯道超车等。

从某美妆品牌应用消费者资产银行的复盘结果来看：通过针对 A、I 人群做"千人千面"和"千人千权"，该美妆品牌获得了 0.07% 的会员注册转化率，是采用该方法前的 7 倍。在 P、L 人群中对比更是显著，"6·18"会员注册转化率是"三八"妇女节的 55 倍。相较于普通 I 人群 1.19% 的购买转化率，会员 A、I 人群购买转化率高达 3%；同样，对比普通已购客户 1.34% 的购买转化率，会员人群 P、L 人群购买转化率达到 8%。

即刻掌握客户诉求：
数据驱动企业绩效洞察

　　洞察力是一种特殊的思维能力，具有洞察力的人在没有手段直接观察到事物内部时，可以根据事物的表面现象，准确或者比较准确地认识到事物的本质及其内部结构或性质。从这一解释可以得出三点结论：第一，洞察的过程就是透过现象看本质的过程；第二，洞察是规律的总结和应用；第三，洞察力只被少数人掌握。

1. 数据驱动企业绩效洞察

　　由洞察力的概念衍生得出，企业绩效洞察就是通过观察企业的宏观环境、行业波动、客户行为等现象，掌握影响客户价值、企业效益和股东回报等绩效的关键因素，预测企业绩效的发展趋势。拥有绩效洞察力的人往往是企业的战略层和管理层。数据驱动企业绩效洞察，可以把少数人拥有的洞察力变为所有人都能拥有的能力，形成全员科学决策的底层逻辑。

　　当前，大部分企业都认识到了洞察的重要性，但采用的方法主要为以仪表盘为代表的商业智能（Business Intelligence，BI）分析。分析对象以企业内部的结果数据为主，分析方法以差异预警和差异归因为主。这种分析本质上是通过指标之间简单的算术关系来识别未达成目标的领域，但问题的根本原因还需要领域专家和执行人员来给出主观解释。例如，企业在分析单位成本波动的时候，分析人员会基于"单位成本 =（变动成本 + 固定成本）/ 产量"的公式给出单位成本增加的原因，如成本增加或产量减少，但成本为什么增加或产量为什么减少，通常不会有明确的量化答案。为此，事前预见价值、事中创造价值、事后量化价值就成了数据驱动企业绩效洞察的核心诉求。

提升客户、企业和股东等价值是数据驱动企业绩效洞察的理想目标。试想一下，在一个项目的投标和交付过程中，如果一个项目经理能掌握客户所处行业的痛点和发展趋势，并能基于行业洞察制定能极大提升客户价值的解决方案，能在资源库中自动匹配和优选项目所需的人员和第三方合作伙伴，能快速测算项目范围变更对项目成本和盈利的影响，那么企业所关注的客户、企业和股东等价值就真正引领了项目相关决策，价值不再是事后被报告出来的，而是事前就算出来的。同理，如果企业从研发到销售的全价值链都能有事前价值洞察辅助，从管控式变为服务式的企业绩效转型就变得容易多了。

Gartner 对增强分析概念的表述为：增强分析使用机器学习和人工智能等提升能力的技术来协助进行数据准备、见解生成和见解解释，从而增强人们在 BI 平台中探索和分析数据的能力。同样的，数据驱动企业绩效洞察也离不开人工智能的加持。借助人工智能对现有知识的图谱化能力、对隐性关系的学习能力以及对自然语言的理解能力等，与企业绩效相关的海量数据就能形成面向所有人员的洞察能力。数据驱动企业绩效洞察底座如图 5-5 所示。把数据转化为知识体系，把知识转化为可量化的特征，从特征中提炼出能提供洞察的模型，再由模型形成人机交互能力是将数据转化为洞察的四个关键步骤。

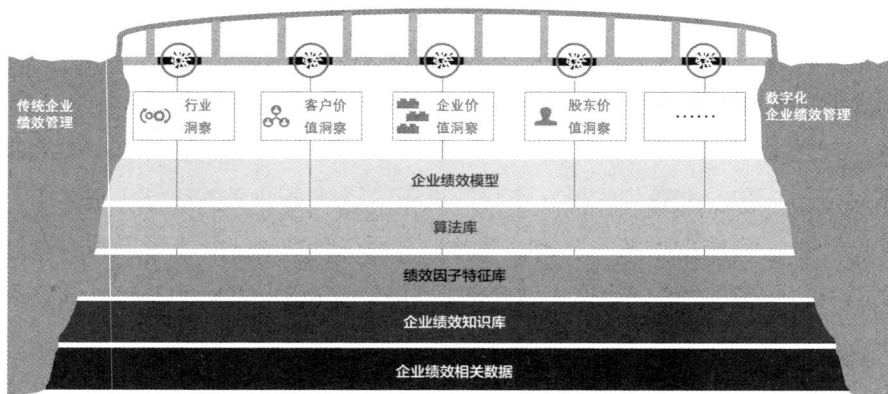

图 5-5　数据驱动企业绩效洞察底座

2. 企业绩效洞察的形成过程

通过数据驱动企业绩效感知把数据转变为特征。除上文提到的特征提取的工作之外，形成企业绩效知识库是提升企业感知力和洞察力的必需。理论上，一切和客户、企业、合作伙伴、员工、股东和社会价值有关的知识、经验和规则都可以纳入企业绩效知识库。虽然这是一个庞大的知识体系，但企业内部或多或少在这方面都会有一定的积累，只不过以碎片化的形式存在。利用知识图谱等方法可以把碎片化的知识快速有效地整合为一个知识体系。采用自然语言处理、知识图谱、多模态知识挖掘等人工智能核心技术，可以处理和提炼企业积累的海量结构化和非结构化信息，实现企业知识生产、组织、应用和运营的全生命周期管理，促进企业知识资产沉淀，增加企业的智力资本以及提升企业绩效，提高企业整体创新能力。

把知识转化为洞察需要基于一定的上下文推理出解决问题的思路。例如求解微积分问题，就是利用已知的微积分公式求解函数，其本质就是基于问题选择调用哪个公式，公式的调用次数和顺序不是固定的。人工智能算法的本质是探求事物之间的量化关系。通过人工智能算法，企业绩效知识库的知识作为样本，以特征的形式被模型所消化和掌握，形成了认知和洞察的基础。但模型不仅可以以量化形式存放知识，还可以帮助人们用学到的知识去推理、解决问题，甚至产生新的认知，也就是我们所说的洞察。

　　理解使用者的意图也是数据驱动企业绩效洞察所需的能力。如果模型只能通过输入特征因子的方式输出洞察，那使用者本身就应该是专家了，模型的民主化意义就大大被弱化了。通过 ChatGPT 等大语言模型实现人机交互是可行的解决方案。使用者只需输入文字、语音和图像等就能让模型理解其意图和目的。模型会根据使用者输入的内容，基于上下文选用对应的知识和数据推理生成解决方案。

　　当然，以上提到的知识图谱、人工智能算法和大语言模型在能力上还有很大的局限性，企业构建数据驱动企业绩效洞察还需从实际出发，可以先从现有技术可以支撑的场景入手，以用促建，以建促用。例如，基于净资产收益率（Return on Equity，ROE）或者 EVA 等指标的知识图谱构建绩效偏差自动归因模型、基于客户行为预测客户关系价值、基于宏观环境预测周期性行业盈利、基于求解器规划最佳库存水平等方法都已经相对成熟。

＜案例＞

知识图谱助力金融行业洞察风险

　　随着大数据和人工智能技术的发展，知识图谱在金融行业的应用日益广泛，特别是在风险洞察和管理方面展现出强大的潜力。某大型银行从解决信贷申请领域的团伙欺诈问题入手，开始引入分布式图数据库，通过构建基础图能力和统一的知识图谱平台来增强关联分析与应用能力。该银行的知识图谱平台主要包含四层内容。

　　基础设施层：以图数据库为核心，结合 Hadoop 体系，构建多级存储机制，并提供算法挖掘支持。

　　图谱工程层：提供界面化的工程能力，降低研发门槛，支持数据整合、知识抽取和关系挖掘。

　　图谱服务层：面向分析和交易服务模式，构建图谱分析模块和图谱服务引擎模块，提供交互式分析和实时在线服务。

业务产品层：将图谱的各项数据、服务和能力封装后，形成独立的数据应用产品，如行内金融图谱等。

该银行的知识图谱平台具有以下功能。

关联风险识别：通过知识图谱平台构建实体之间的关系网络，以揭示潜在的关联风险。例如，当发现某企业与多个高风险企业存在紧密的业务关系时，这可能预示着该企业的信用风险较高。知识图谱平台可以快速发现这些关系，帮助金融机构在信贷审批过程中做出更为精准的风险评估。

团伙欺诈检测：在信贷申请领域，团伙欺诈是一个日益严重的问题。知识图谱平台可以通过分析申请人之间的关系、设备信息、联系方式、工作单位、地址等数据，识别出可能存在的团伙欺诈行为。一旦发现异常的聚集性特征或已知的欺诈模式，知识图谱平台能够及时预警，帮助金融机构避免损失。

全景客户视图：知识图谱平台整合了内部客户数据以及外部工商、司法、税务等数据，为金融机构提供了全景客户视图。在风险洞察中，金融机构可以基于全景客户视图深入了解客户的信用状况、经营情况、法律纠纷等信息，从而更全面地评估风险。

实时风险监控：借助知识图谱平台的实时组网和计算能力，金融机构能够实现对风险的实时监控。例如，在贷款发放后，金融机构可以持续跟踪借款人的资金流向、交易行为等信息，通过知识图谱平台分析这些数据的变化，及时发现并应对可能出现的违约风险。

智能化决策支持：知识图谱平台不仅可以提供丰富的数据分析结果，还可以结合机器学习等人工智能技术，预测客户的信用评分、违约概率等关键指标。这些智能化的决策支持工具可以帮助金融机构优化风险管理流程，提高决策效率和准确性。

该银行利用这些功能在风险洞察场景中取得了显著成效。

该银行依托企业全息图谱，从整体关系网络的角度评判风险，为风险管理全流程中的各类业务人员、管理人员以及各类风险管理系统提供关联分析支持。该银行利用交易图谱可进行异常资金流向、交易环路等风险的监控，如监控票据贴现资金流向。该银行利用信贷申请图谱可进行全流程实时组网风控，识别关联风险，支持贷前、贷中、贷后的风险分析，并通过可视化展示和交互式分析功能，帮助业务核查风险。

该银行的成功实践表明，通过构建和完善知识图谱体系，金融机构能够提升风险识别和管理的能力，保障资产安全，优化业务流程，并推动数字化转型的深入发展。未来，随着知识图谱技术和应用场景的不断拓展，知识图谱在金融行业的价值将进一步显现。

一切服务于决策：数据驱动企业绩效决策

决策可以分为程序化决策和非程序化决策。程序化决策事先会设定一组规则或决策程序；非程序化决策没有事先设定规则或者程序，通常是因为决策规则尚未形成或者问题太复杂无法设定规则或者程序。战略转型和产业优化等决策通常为非程序化决策，生产排产和库存优化等决策通常为程序化决策。随着认知能力的提升，非程序化决策可以转变为程序化决策，但程序化决策也有可能由于环境的变化导致规则失效而变为非程序化决策。

1. 数据驱动企业绩效程序化决策

对于程序化决策，数据驱动企业绩效决策的任务是把规则数字化和流程化。例如，费用单据审核就是典型的程序化决策，因为审核的规则大都以企业的报销制度和国家的法律法规等形式得以明确。一般来讲，通过人工标注样本的方式，机器学习算法可以把样本数据所体现的规则归纳为数字化的审核标准，再辅以 OCR、RPA 等流程化工具，费用单据审核就基本可以实现自动化。

但如果有人企图通过违规手段违反规则，例如，在一个规定人均招待费有限额的公司，有人通过虚报人数的方式违反这个规定。这种情况下，程序化决策就变为非程序化决策。这个时候，数据驱动企业绩效决策的核心任务就变成调用相应的模型形成防止舞弊行为的规则，把非程序化决策转变为程序化决策，这个过程可以理解为利用洞察力进行推理的过程。

费用报销审核所依托的规则属于事实性规则。基于这类规则，不同的人会得出相同的判断。借助于数据驱动企业绩效洞察，越来越多的事实性规则被发现和被模型化。借助于模型化的规则，以往要依赖专家来进行的门店选址、最优库存设定和信用评级等决策，现在都成了数据驱动决策的最佳场景。但大多数企业绩效决策所依托的规则往往包含着价值判断。例如，以客户价值为先的公司通常会采用低毛利策略，以此来提升客户让渡价值。而以股东价值为先的公司一般会通过高毛利策略为股东谋利益。如何把公司的价值观和经营理念融入决策当中，是数据驱动企业绩效决策的最大难题。

2. 价值判断决策如何数字化

需要价值判断的数据驱动企业绩效决策流程如图 5-6 所示。绩效因子异常波动提示企业可能正面临新的机遇或挑战，模型则会评估发生的概率和对价值产生的影响。如果这些影响会导致企业的既定价值目标无法完成，企业就启动决策来应对变化。决策模型会以价值为目标，以企业资源和能力为约束条件，自动生成备选方案和优选建议。

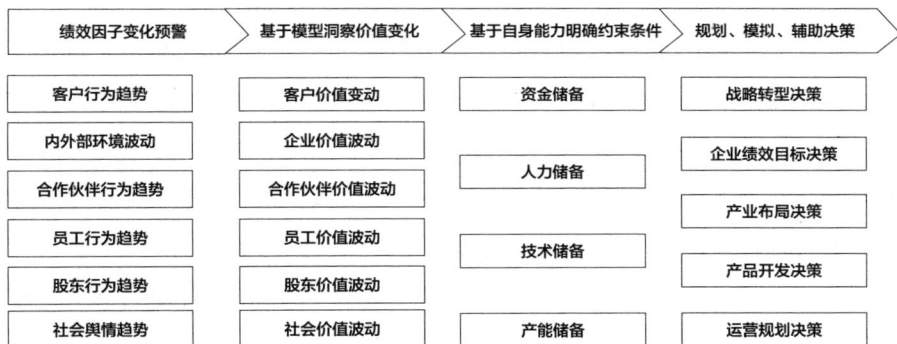

绩效因子变化预警	基于模型洞察价值变化	基于自身能力明确约束条件	规划、模拟、辅助决策
客户行为趋势	客户价值变动	资金储备	战略转型决策
内外部环境波动	企业价值波动		企业绩效目标决策
合作伙伴行为趋势	合作伙伴价值波动	人力储备	产业布局决策
员工行为趋势	员工价值波动	技术储备	产品开发决策
股东行为趋势	股东价值波动		运营规划决策
社会舆情趋势	社会价值波动	产能储备	运营规划决策

图 5-6 需要价值判断的数据驱动企业绩效决策流程

在这个过程中，价值波动是触发决策的条件，提升价值是决策的目标，价值判断规则决定着决策的走向。如果企业只追求单一价值，例如股东价值最大化，数据驱动的价值判断规则就相对容易建立，差别主要来自行业特点和风险偏好。但对于追求多价值目标均衡的企业，建立数据驱动的价值判断规则的难度会陡升。

首先，价值模型的种类会由一种变为多种，需要建立覆盖客户、企业、合作伙伴、员工、股东、社会价值的核心模型。

其次，为了平衡各类价值，需要在这6个模型的基础上建立一个价值均衡模型。价值均衡模型要能在坚持以客户价值为先的前提下，根据环境的不同，动态调整不同价值的优先级，继而形成既适合当下又放眼未来的决策目标。

最后，由于多重目标的要求，决策优选的复杂度也会大幅提升，6种价值的基本组合就会有720种可能，加之决策条件和约束条件的不同，可能的备选方案会呈指数级增加。为了在成千上万种方案中选择最优方案，决策模型要具备预测不同方案实现概率的能力，这又增加了建立价值判断规则的难度。

价值判断规则的复杂性彰显了企业绩效评价体系的重要性。要满足价值评价的均衡性要求，把"二维四象六方"企业价值评价体系作为数据驱动企业绩效决策的内核是一个必要的选择。基于客户价值的"二维"视角，可以把以客户为中心的理念转化为数字化决策规则，并将其固化。在越来越多的决策被下沉到基层的今天，这一点尤为重要，因为这可以保障客户至上的原则得到贯彻。有了"四象"加持的数据驱动，付出和回报、长期和短期的转化关系得以量化，长期主义带来的回报变得更加清晰，决策共识更容易达成。在"六方"价值的加持下，价值判断的基线得以明确，各方价值的核心驱动因素得以识别，价值判断规则的基本脉络得以形成。

数据驱动企业绩效决策是决策科学化和去中心化的必然，是价值型企业绩效管理的核心。在开展数据驱动企业绩效决策的初期，企业可能会面临数据不支撑、模型不智能、规则不完善等挑战。但在"二维四象六方"企业价值评价体系的引领下，数据和模型会产生飞轮效应，数据的沉淀会让模型更加智能，模型的进化会让价值判断规则更加符合企业的价值理念。

< 案例 >

传统行业的数据驱动决策实践——炼油厂线性优化模型演进

炼油行业一直是工业领域中技术和优化模型应用的重要阵地。从早期的单一操作优化到集成多时段优化，炼油厂线性优化模型经历了显著的演进。

早期线性优化模型。在炼油行业的早期阶段，线性优化模型主要应用于单一或部分操作的优化，如原油调度、生产单元调度和产品调和等。早期线性优化模型通常基于静态的、线性的假设，对市场动态和运营变化的适应性有限。例如，平托等人（2000）和希亚等人（2004）的研究分别独立优化了炼油厂的不同操作环节。

一体化优化模型。随着炼油复杂性的增加，一些人开始研究探索一体化优化的方法。穆雷等人（2011）研究了炼油计划和原油调度的一体化问题，而沙阿和耶拉佩特里图（2011）则考虑了从生产单元到最终产品调和的一体化调度。这些研究为后续的集成多时段优化模型奠定了基础。

集成多时段优化模型。在前人工作的基础上，集成多时段优化与原油调度的创新解决方案得以推出。这种模型将炼油厂的运营视为一个连续的过程，并考虑了多个时段的优化。通过同时优化原油采购品种、采购量和炼制过程参数，该模型能够在不同时段内实现最优的原料供应和生产。

混合连续－离散时间表示模型。为了更准确地描述炼油厂的实际运营情况，集成多时段优化模型进一步演化为混合连续－离散时间表示模型。这种模型能够兼顾炼制过程中的连续变量（如温度、压力等）和离散事件（如设备转换、产品调和等），提高模型的精确度和实用性。

在实际应用中，炼油厂线性优化模型进一步演进。研究人员利用大量历史数据，包括原油价格、产品市场需求、设备性能和能耗等信息，训练和验证优化模型。通过引入严格的属性平衡方程和严谨的非线性调和方程，模型能够确保最终产品的质量和合规性，同时优化能源使用，降低运营成本和减小对环境的影响。结合使用 DICOPT 和 BARON 等先进的求解器进行计算和优化。模型能够在不同的市场环境下灵活调整运营策略，优化原料供应、炼制过程和产品调和，从而显著提高运营可行性和利润水平。

炼油厂线性优化模型的演进展示了数据驱动决策如何通过优化模型的演进来提升运营效率、降低成本和应对市场变化。未来，随着技术和数据科学的进步，炼油行业有望进一步深化数据驱动决策的应用，推动全球工业领域的数字化转型和智能化升级。同时，前人工作成果也将继续为炼油厂线性优化模型演进提供有价值的参考。

再次进步的阶梯：数据驱动企业绩效复盘

复盘本身是一个围棋术语，指的是棋手在棋局结束后，通过重新摆盘来分析自己和对手下法的得与失，以此寻找对手的弱点和自身的提升方向，从而确定未来对弈的策略和自身棋力提升的发力点。后来这一做法被广泛应用于企业经营和金融投资等领域，核心目的是通过总结经验教训，最大限度地了解对手和自己，以便优化目标、调整策略和提升自身。而企业绩效复盘的核心职能是通过对比目标和实际的差异，掌握目标实现情况，分析差异形成原因和调整方向。

1. 数据驱动企业绩效复盘

传统的企业绩效复盘在一定程度上是依托数据开展的。通行的做法是财务等部门，对事业部等责任主体的经营业绩进行度量和分析，然后以管理报告的形式提交给公司管理层进行审查。公司管理层定期召开经营分析会，通报经营业绩并听取各责任单位对差异形成原因的解释，以优化决策和明确改进方向。但这一做法存在几个问题：一是管理报告中的数据以财务指标为主，主要体现股东价值，客户、员工等价值并没有得到充分体现；二是各责任单位对差异形成原因的解释大部分是定性的，各责任单位会强调由于环境等客观因素导致差异的形成，但其真实性和准确性往往无从验证。这样一来，复盘的作用就大打折扣，责任单位参与复盘的核心目的变成了争取资源和推卸责任，如何在未来提升绩效反而不被重视。

在追求敏捷反馈和动态调整的乌卡时代，传统企业绩效复盘的局限性要突破。复盘的场景、复盘的频率和复盘的工具都需与时俱进，数据驱动企业绩效复盘成了必然的趋势。场景上，数据驱动企业绩效复盘是面向决策的，而不是面向组织的，复盘的对象是每一场"战斗"，而不是"战役"。每一次的产品升级和营销活动，甚至是每个设备每天的运行状况都需要复盘。频率上，数据驱动企业绩效复盘是实时的，而不是定时的。每个拉新活动的效果、每个产品更新的客户体验、每条产线的运转效果都需要实时跟踪和优化。工具上，自动归因是数据驱动企业绩效复盘所需的工具。自动归因不但能从财务指标差异自动追溯到业务指标差异，而且能自动识别业务指标差异的形成原因并给出改进建议。

2. 数据驱动企业绩效复盘循环

作为数据驱动企业绩效决策机制的最后一环，复盘是防止重大企业绩效决策失误的最后一道防线，也是企业学习成长的机会。数据驱动企业绩效复盘循环如图 5-7 所示，以"二维四象六方"企业价值评价体系为底层逻辑，构建价值波动报告是复盘的第一步。通过价值波动报告，决策对价值的实际效果被实时计量和验证，从而企业一方面有了及时止损的标尺，另一方面可以自动触发决策优化程序。通过价值波动归因，决策目标和实际结果之间形成差异的主客观因素被识别，每个因素的影响被量化。在数据面前，"甩锅"和"讲故事"行为将变得无处遁形，持续提升绩效的初心得以回归。在有更多现实数据的输入之下，之前错误的假设得以纠正，目标的合理性得以提升，借助于数据驱动的决策能力，更加符合现实的解决方案提出。决策也因此得到持续优化。在决策得以优化的同时，新的数据持续不断为模型输送学习原料，新的洞察也由此而产生，决策智能化水平逐步提高。

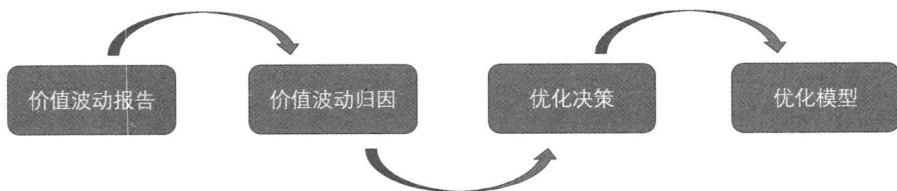

图 5-7　数据驱动企业绩效复盘循环

数据驱动企业绩效复盘为决策自我进化和模型自我优化提供了通道，也是避免模型出现幻觉的有效手段。鉴于 CNN 等深度学习模型的不可解释性，为了保障模型的可靠性和安全性，企业内部也需要建立一套监管体系，实时地对模型进行复盘，及时发现模型的错误并给出修正的方向。鉴于复盘者的专业化程度和价值导向对模型的能力和价值判断有着至关重要的影响，企业内部有必要为此建立一个独立的组织负责审核决策规则合规性。通过对模型训练数据、算法、输出结果和决策成效的检查和回顾，尽量避免数据驱动决策可能带来的道德风险和重大决策失误。

＜案例＞

"抖音"的名字是如何来的

在字节跳动副总裁杨震原以"聊聊数据驱动和用 A/B 测试解决问题"为主题的分享中，他提到了抖音名字来源的故事。原来，"抖音"这一名字是通过 A/B 测试确定的。

A/B 测试最早见于詹姆斯·林德在 1747 年开展的治疗坏血病的临床实验。该实验把患有坏血病的水手分成 6 组，每组 2 个人。在 6 天的时间内，所有人被安排在同样的治疗室中，唯一不同的是每组的饮食。实验结果证明柠檬、橘子对治疗坏血病有用。

在给短视频应用起名字的过程中，字节跳动就采用了 A/B 测试的方法。在同样的预算和同样的位置的条件下，字节跳动给短视频应用起不同的名字，用不同的 Logo，在应用市场商店做 A/B 测试，以测出用户对不同名字的关心程度。

A/B 测试的结果是："抖音"排名第二。基于这个排名，产品经理发起了应该用哪个名字的讨论。最后大家一致认为，"抖音"长期来讲更符合认知，更能体现短视频应用的形态，所以就以"抖音"命名。

从这个故事可以看到，充分地做 A/B 测试，能够在很大程度上补充信息，消除偏见，有利于科学决策。但是它也不是完美的，需要与其他方法一起使用。

6

自我驱动的企业绩效
责任体系

➤ 自驱型组织的另一面

在新一轮地产调控当中，融创陷入了债务危机。在融创中国的境外债务重组说明会上，融创的执行董事孙宏斌对导致债务危机的原因做了总结。"内部管理出现问题，权力过于下放，导致'安全垫'不够厚，没能经受住调控考验"是众多原因中关键的一个。

在危机浮现之前，融创充分放权到区域公司，区域公司拥有从人事到资金的决策权。靠着这种独立经营、自主决策的机制，融创成为地产行业的头部公司。这种弱管控的机制也催生了激进的经营文化，最激进的区域通常也是融创内部数一数二的销售贡献区，但也是这次危机的最大症结所在。有些区域公司对去化效果差的项目采用虚假销售的方式，对普通项目则采用降价手段，加大全民营销力度。有些区域公司甚至强制高级别员工买房冲抵个人业绩。还有些区域公司在 2020 年搞投资冒进，沉淀了大量的文旅项目及持有资产，面临很大的资金压力。

从企业绩效责任体系的视角看，融创的管控模式具有典型的自我驱动特征。但成也萧何败也萧何，自驱型管控成功地激发了责任单位的能动性，但由于对自我绩效的极致追求，加上自我决策缺少必要的约束，最终自我激励成了反噬企业总体绩效的负面能量。

融创的例子呈现了自驱型管控模式的利与弊，如何在发挥自驱型管控模式正向作用的同时减少甚至杜绝负向作用，成了建设自驱型责任体系的组织面临的问题。

责任主体如何进行自驱模式的选择

为了明确责权利，提高组织效率，企业在绩效管理中引入了责任主体的概念。在管理会计中，责任主体也称为责任中心，通常指一个独立的单位或部门，被赋予特定的预算和资源，并对其产生的成果或绩效负有责任。责任中心可以根据功能和目标分为不同的类型，例如利润中心、成本中心、投资中心等。每种类型的中心都有其独特的价值衡量标准和目标，以专注于自身能够控制的领域，并创造价值。

1. 激发责任主体自驱力的原则

从责任主体的定义看，激发责任主体自驱力是设置其的核心目的。但现实中，很多企业责任主体的自驱力并没有得到充分激发，根本原因包括以下几个方面。首先，目标不明确导致部门或团队之间的职责分工模糊，影响工作效率。其次，权责不对等使得某些部门或团队过度依赖其他部门，从而失去自我驱动的能力。再次，资源分配不均可能导致某些部门或团队的发展受到限制，影响其自我驱动能力的发挥。此外，缺乏有效的激励机制可能导致员工对工作的热情和投入度不高，影响责任主体的自我驱动能力。沟通不畅也会影响责任主体之间的协作和信息传递，从而影响组织的整体效率和竞争力。最后，企业文化不支持可能导致责任主体难以实现预期效果。

针对这些问题，企业要想激发责任主体的自我驱动能力，可以遵循以下原则来提高整个组织的效率和竞争力。

①明确目标：为责任主体设定清晰的目标，以指导员工的行为和决策。

②平衡权力与责任：确保权力和责任的分配适当，避免权力过度集中或责任过于分散。

③合理分配资源：根据责任主体的需求和目标，合理分配人力、物力和财力资源。

④建立激励机制：设立有效的激励机制，激发员工的积极性和创造力。

⑤建立畅通的沟通渠道：建立良好的沟通机制，促进信息共享和资源整合。

⑥培育创新文化：培育支持创新和自我驱动的企业文化，鼓励员工尝试新思路和新方法。

2. 三种典型的自驱模式

基于这些原则，业界形成了三种典型的自驱模式：事业部制、阿米巴组织和创新驱动组织。

（1）事业部制

为解决企业规模扩大带来的管理难题，针对在多个业务领域内开展业务，同时又要保持各个业务领域之间的独立性和自主性的企业，美国企业家斯隆在 20 世纪 20 年代提出事业部制。事业部制将企业划分为多个相对独立的战略事业单位，每个战略事业单位都可以自主决策、自主运营，从而提高企业的灵活性和反应速度；同时，战略事业单位还可以根据市场需求和竞争情况，快速调整产品和服务，以满足客户需求，提高企业的竞争力。事业部制被广泛用于激发利润中心和投资中心的自驱力，也可以让各个部门更好地掌握自己的资源和资金，从而优化资源的配置和利用，提高企业的效益和利润率。

（2）阿米巴组织

对于成本中心来讲，由于产出难以量化或者缺少合理的定价机制，存在无法通过收益共享的方式激发其自驱力的问题。为此，日本企业家稻盛和夫提出了阿米巴组织的概念。阿米巴组织将企业划分为许多小型、自治的业务单元，每个业务单元被称为阿米巴。阿米巴可以是一个研发团队、一个生产车间、一个销售小组等。每个阿米巴都有其独立的目标、预算和绩效评估机制，并可以自主决策。阿米巴之间相互竞争，以提高企业的整体绩效。

阿米巴组织适合追求创新、快速响应市场变化、强调团队合作和员工自主性的企业。这种模式鼓励员工积极参与决策，帮助员工提高工作效率和质量，有助于企业实现持续发展。例如，科技型企业需要不断创新和快速响应市场变化，阿米巴组织可以激发员工的创新精神，提高企业的竞争力；服务型企业注重客户满意度，阿米巴组织可以提高员工的工作效率和质量，从而提高客户满意度；创业型企业需要灵活应对市场变化，阿米巴组织可以提供一种灵活的管理模式，帮助企业在竞争激烈的市场中脱颖而出；知识型企业拥有高度专业化的员工队伍，阿米巴组织可以充分发挥员工的专业技能，提高企业的整体竞争力；跨国企业面临多样化的市场环境和法规，阿米巴组织可以帮助企业更好地适应不同国家和地区的市场需求，实现全球化发展。

（3）创新驱动组织

无论是事业部制还是阿米巴组织，自负盈亏和利益共享是其让成员产生自驱力的关键，它们可以称为利益导向型自驱模式。还有一类自驱模式——创新驱动组织，如美国流媒体巨头奈飞（Netflix），其组织形式以"自由与责任"为核心原则，采用了一种人才密集型的管理模式。创新驱动组织鼓励员工不断尝试新想法和新方法，其认为只有不断创新，才能在竞争激烈的市场中保持领先地位。其坚信只有优秀的员工才能推动企业成功，因此在招聘时非常挑剔，只招聘能为企业创造价值的顶尖人才。创新驱动组织的组织结构扁平化，没有传统层级制度，鼓励员工沟通和合作，以便快速决策和响应市场变化。创新驱动组织强调给员工足够的自由度，让他们自主创新和解决问题，同时要求员工对结果负责，鼓励员工敢于冒险，勇于挑战现状；要求员工专注于核心职责，努力成为领域专家，提高工作效率和质量；强调信息透明，鼓励员工了解企业各层面数据和信息，以便更好地决策，提高员工参与度和责任感。

3. 如何选择适合自身的自驱模式

在选择激发组织自驱力的模式时，企业需综合考虑企业所处发展阶段、所在行业、战略及组织结构、管理层级、业绩评估、权限与职责、内部沟通、业务流程、成本与收益等多方面的因素。企业通过权衡各种利弊，确保责任主体的设置能够满足企业发展的需求，提高管理效率和组织运作水平，从而为企业带来更好的业绩。

根据责任主体设置的现状，不同的企业通常要做不同的选择。对于还没有形成企业绩效责任体系的企业，其首先要解决的问题是如何划分责任主体。划分责任主体是实现自我驱动的组织的基础。各个单位或部门只有明确了自身的责任定位，才有可能明确奋斗目标和努力方向，并因此享有对应的权利；企业的总体目标才能向下分解并明确承接人，也才有可能在按专业化分工的同时形成总体的协同效应。

对于已初步具备企业绩效责任体系的企业，如果其管理模式是以命令和控制为核心的，扩大授权范围是其提升组织自驱力的好选择。其面临的挑战是如何划小责任主体。划小责任主体可以起到提高组织效率、激发员工积极性、增强组织的适应性和灵活性的作用，但同时也可能会带来管理成本增加、协同困难和责任推诿等问题。国内推行阿米巴组织的企业鲜有成功的案例，很重要的原因是企业没有充分预估内部计价、复杂核算等问题带来的负面影响。

对于主张授权和承诺的企业，如何实现自驱、绩效和风险三者的平衡是其要解决的主要问题。如果企业缺乏统一的绩效目标，自驱模式容易导致责任主体各自为政。如果过度强调自驱和绩效，企业会有失控的风险。融创就是典型的由于过度放权而引发风险的案例。当然，如果过度控制风险，也会让责任主体失去自驱力，导致其不作为或少作为，绩效目标也难以实现。

＜案例＞

奈飞（Netflix）的自我驱动责任体系——自由与责任

当今，许多公司都在寻求一种既能提高员工满意度又能保证企业高效运转的管理模式。Netflix 是一家全球知名的流媒体娱乐巨头，其管理模式就是一个很好的例子。Netflix 的管理模式融合了自由与责任的平衡、持续反馈与透明沟通、高绩效导向、扁平化管理结构、灵活的工作安排以及聚焦核心业务等多种元素，形成了独特的"Netflix Way"。

Netflix 的自由与责任的平衡体现在其内部政策和文化中。公司没有固定的上下班时间，员工可以自由安排工作日程，但同时也要对自己负责的项目进行追踪和汇报。这种平衡使员工既有足够的自主权，又有明确的责任，从而激发员工进行创新和提高效率。

Netflix 推崇开放和诚实的沟通氛围。公司定期进行 360 度反馈，让员工从同事那里收集意见。此外，公司高层经常举行全员会议，分享公司战略和决策，让员工了解整个组织的运作。这种信息透明和反馈机制帮助员工更好地了解自己和组织，促进个人和团队的成长。

Netflix 坚信只有优秀的员工才能带来卓越的业务成果。公司每年评估员工的绩效，只保留表现优异的员工。这种高绩效导向促使员工不断提升自己的技能和做出更多的贡献，以确保公司始终处于领先地位。

Netflix 采用扁平化的管理结构，减少管理层级，加快决策速度。公司的高层领导直接向所有员工汇报。这种扁平化管理结构使得决策更加高效，员工也更容易与高层领导沟通。

Netflix 专注于其核心业务——流媒体服务，将非核心业务外包给第三方。这种战略使得公司能够集中精力在关键领域提高效率和创新能力。例如，公司将客户服务外包给专业的客服公司，而自己则专注于内容创作和技术开发。

Netflix 持续投资于新技术和新内容，以保持其在市场上的竞争力。公司每年投入巨额资金用于原创内容的制作，并利用人工智能和大数据技术分析用户喜好，提供更加个性化的推荐服务。这种创新驱动使得 Netflix 始终处于行业的前沿。

基于"二维四象六方"
企业价值评价体系划分责任主体

确责、授权和分利是划分责任主体的三个步骤。通过确责，企业把业务划分为不同的专业领域，形成职责清晰的专业团队，明确战略目标的承接对象；通过授权，企业确定各专业团队的决策范围和动用的资源，为落实专业团队的责任提供行权依据和资源保障；通过分利，企业建立合适的激励机制和绩效评估体系，以激发员工的积极性和创造力。

1. 传统的责任主体划分方法

按照关注点和决策范围，责任主体可划分为战略责任主体和经营责任主体两类。战略责任主体负责制定和实施企业的长期战略规划，关注企业的整体发展方向和目标。战略责任主体主要负责做出战略性决策，如市场扩张、新产品开发、技术创新等。经营责任主体负责日常运营管理，确保企业的各项业务活动顺利进行；关注企业的运营效率、产品质量、客户满意度等因素，以保证企业的稳定运行和盈利。经营责任主体主要负责做出经营性决策，如生产计划、销售策略、成本控制等决策。

按照目标和功能，责任主体可划分为投资中心、利润中心、收入中心和成本中心。投资中心负责实现企业的资本增值目标，通常根据投资项目、业务领域或市场划分，拥有独立的投资决策权，对企业的收益负责。利润中心负责实现企业的盈利目标，通常根据产品线、业务领域或市场划分，拥有独立的收入和支出，并对企业的利润负责。收入中心主要负责实现企业的收入目标，通常根据产品线、业务领域或市场划分，拥有独立的收入和支出，并对企业的收入负责。成本中心主要负责控制和管理企业的成本支出，实现企业的成本控制目标，通常根据业务领域划分，拥有独立的成本预算，对企业的成本支出负责。

2. 以价值为导向的企业绩效责任主体

传统的责任主体划分方法主要关注股东价值，以利润为导向，对客户、员工、社会和合作伙伴等的价值关注度不够，"二维四象六方"目标无法清晰地分解到对应的责任主体。为了有效地把目标落实到具体的责任主体，有必要建立一个如图 6-1 所示的以价值为导向的企业绩效责任主体管理体系。

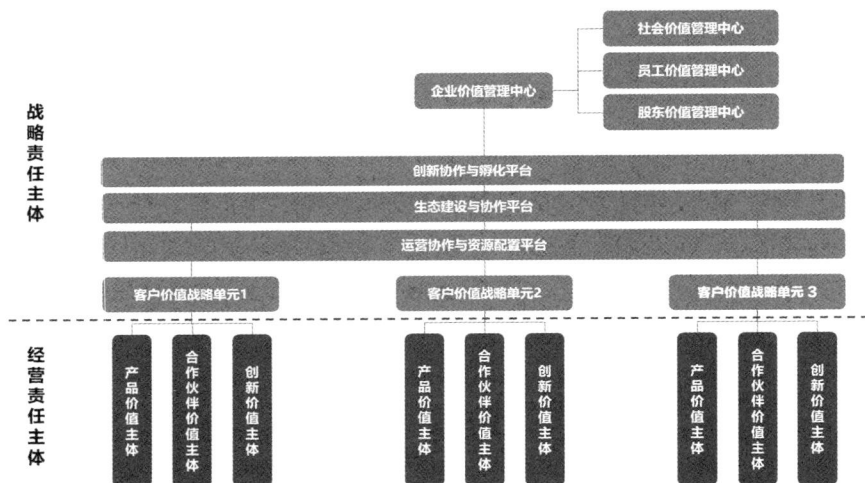

图 6-1　以价值为导向的企业绩效责任主体管理体系

（1）企业价值管理中心

作为管理中枢，企业价值管理中心以价值为引领，以资本为纽带，以资源为牵引，把握着整个企业的发展方向。未来价值是其关注点，企业价值管理中心主导着企业战略、长期目标、平台能力、公共资源和企业绩效的规划和落实。通过差异化授权，企业价值管理中心把客户价值和企业价值的创造任务和要求传递到客户价值战略单元，并通过绩效回顾、适度审批和价值共享等方式确保客户价值战略单元沿着正确的路径前行。为了全面落实企业对社会、员工和股东的责任，企业设立专门的战略责任主体负责协调和督促社会价值、员工价值和股东价值的实现。社会、员工、股东价值管理中心可仿效华为的蓝军机制设计定位，站在社会、员工和股东的角度对企业的重大决策提出质询，保障既定的社会、员工和股东价值目标的实现。对于无法达成共识的议题，可以通过由企业、社会、员工和股东价值管理中心的代表组成的委员会来投票决定。为了体现客户价值引领的作用，企业价值管理中心的代表可以拥有更多的表决权。

（2）创新协作、生态共赢和资源优化平台组织

为了在充分激发客户价值战略单元自驱力的同时，防止他们各自为政，有必要设置平台型的责任主体，由其负责创新协作、生态共赢和资源优化，促进企业整体价值最大化。

创新协作与孵化平台类似于华为的"2012实验室"，负责集中资源攻克影响企业未来的科研难题。这些课题短期内难以看到成效或者形成商业价值，并且具有明显的外部效益。攻克成功了，各客户价值战略单元都有可能受益；攻克失败了，所有投入由企业买单。但这并不意味着该平台是象牙塔，其研发方向需要和企业的发展方向高度匹配。为了使创新协作与孵化平台能时刻感知客户需求，一定比例的研究课题需要来自业务。当客户价值战略单元遇到无法靠自身力量攻克的难题时，可以向创新协作与孵化平台求助。评审通过后的课题可以由该平台承接。如果课题被攻克，平台可以和提出课题的客户价值战略单元共享商业化收益。

设立生态建设与协作平台的目的在于为客户提供一站式的服务和降低客户生命周期付出成本。统一管理客户信息是该平台的核心能力。该平台类似于平安的一账通，其作用有些像企业内部的流量入口。一个客户在任意客户价值战略单元注册成功并同意授权后，其信息将同步到生态建设与协作平台，所有客户价值战略单元可共享其信息并以此开展交易转化活动。客户可以在生态建设与协作平台上选择企业的商品和服务，也可以选择合作伙伴的商品和服务。分销商、供应商和金融机构等合作伙伴的信息也会同步到该平台。由此，该平台会起到促进外部资源共享的作用，客户价值

战略单元及其下属责任主体可借此持续优化供应链，从而降低客户付出成本。生态建设与协作平台也是一种激励和支撑内部创业的机制。客户需求的聚集带来了商机，合作伙伴的聚集提供了资源，极大地降低了内部创业的难度，为新责任主体涌现提供了优良的土壤。

自我驱动并不意味着各自为政，实现产业链和价值链协作是保障企业价值最大化的前提，运营协作与资源配置平台就是为此而设的。通过构建内部商品和服务市场化交易机制从而促进自我驱动责任主体协作是平台的主要职能。在相当多的企业里，产业链上下游的协作通常是通过行政命令来实现的。从短期看，这种方式可以快速地达成产业链总体效益最大化的目的。但从长期看，效率低的产业环节会从中获益，效率高的产业环节会吃亏，责任主体的自驱力因此被抑制，导致产业链总体效率降低。为杜绝此类情况发生，运营协作与资源配置平台通过模拟市场交易引导产业链上下游合作。该平台短期内可以通过价格倾斜的方式保护处于竞争劣势的产业环节，给其留出时间来改进。但如果长期内该环节的成本和质量都无法达到市场化标准，这个环节就会被外部资源所取代。优化资源配置是该平台的另一项职能。类市场化的价格机制会把内部资源引导到效率最高的环节，无效或者低效的环节由于得不到资源会被淘汰。

（3）客户价值战略单元

客户价值战略单元从功能上类似于事业部，但不同于事业部以投资回报率或者利润为核心考核指标，不断提升客户关系价值是其安身立命之本。如果通过责任主体的划分能提高客户交易价值、推荐价值或降低支付成本，就有必要单独设立新的客户价值战略单元。例如，跨国公司通常会按北美洲、欧洲、亚洲和拉丁美洲等区域划分客户价值战略单元，因为不同地区的客户的需求和购买行为会有很大的差异，按区域划分客户价值战略单元可以更好地服务不同地区的客户。

除了按地区划分之外，客户价值战略单元还可以按行业、渠道甚至是单独的客户进行划分。为了根据客户特点有针对性地提供解决方案，按行业划分客户价值战略单元通常是2B（To Business）企业的选择。考虑到线上、线下渠道客户消费行为的差异，按渠道划分客户价值战略单元成了 2C（To Consumer）企业转型的趋势。

不同维度的客户价值战略单元一般会同时存在，共同协作来实现客户价值最大化。例如华为采用了双主线的组织方式来为客户提供产品和服务。为了突出业务的专业性，华为设置了运营商业务（CNBG）、企业业务（EBG）和消费者业务（CBG）。BG 是面向特定客户群而设立的组织架构，目的是让公司更好地适应不同客户群的商业规律和经营特点，为客户群提供定制化、差异化、领先的解决方案。同时，BG 也负责管理和支撑销售、服务等活动，以提升公司的行业竞争力和客户满意度。为了更快速地满足客户需求，华为在全球范围内设立了多个区域组织，包括欧洲、美洲、亚洲、非洲等。设立区域组织的目的是与客户建立更紧密的关系，提高公司在该区域的业务成功率。此外，区域组织还承担着将公司战略在所在区域落地的重任，通过优化资源配置、提高运营效率等方式，实现公司的整体发展目标。

就像华为的业务集团下设很多业务单元一样，客户价值战略单元可下设产品价值主体、合作伙伴价值主体和创新价值主体等经营责任主体。

按产品设置价值主体，可以帮助企业在每个产品上精确跟踪收入和成本，从而实现精细化管理。同时，这也有助于企业识别出哪些产品线是赢利的，哪些是亏损的，并据此调整资源分配，优化投资回报。此外，这种方式还可以推动创新，鼓励各产品线团队提升产品和服务的质量，增强市场竞争力。该方式也能促进跨部门合作，使销售、生产和研发等部门紧密协作，共同致力于提高产品的盈利能力。

合作伙伴价值主体可分为内、外部两类。采购、生产和物流等内部单位都可设为内部合作伙伴价值主体。将供应链视为价值主体的出发点在于优化成本、提高效率、提升客户价值、鼓励创新与协同以及有效的风险管理。通过关注这些关键领域，企业可以降低成本、提高物流效率、保证产品质量、及时交货，从而提高客户满意度，增加销售额和利润。同时，紧密的供应链协同和创新也可以带来竞争优势，帮助企业在市场中获得更大的份额。

对于像苹果和希音这类以生态链为核心竞争力的企业，可以尝试将生态链当作外部合作伙伴价值主体。这样设置旨在明确各构成者在生态链中的角色与职责，确保生态链的顺畅运行。生产商、供应商、销售商、服务商等各构成者应共同实现生态链的发展目标，分享资源、降低成本、提高效率，同时关注环保和可持续发展，确保生态链长期稳定运行，降低潜在风险对整个生态链的影响。

为了针对特定客户和当地市场需求进行定制化产品研发，各客户价值战略单元可单独设置创新价值主体。这有助于充分利用研发部门的本地化知识，加快产品上市速度，并降低成本。创新价值主体的主要职责为推动创新、加速技术成果转化、培养创新人才，从而提高客户价值战略单元的竞争力和市场地位。创新价值主体与外部合作伙伴建立联系，有助于扩大公司影响力并实现可持续发展。

让责任主体下沉

稻盛和夫依靠独创的阿米巴组织模式创造了京瓷 50 年不亏损的纪录，2010 年应时任日本首相的邀请，已经退休的他仅用一年的时间带领日航扭亏为盈，更是让阿米巴组织模式名声大振。

1. 阿米巴组织模式失败的原因

阿米巴组织模式的本质是小集体独立核算制度。从"术"的层面上讲，这和 20 世纪 90 年代初邯郸钢铁的"模拟市场核算，实行成本否决"如出一辙。但为什么只有京瓷坚持了下来？

这个问题的答案可以从京瓷的经营理念"在追求全体员工物质和精神两方面幸福的同时，为人类社会的进步发展做出贡献"中得出。京瓷把"以人为本"作为经营哲学。它认为员工是企业的核心资源和最重要的资产，并在管理和运营中注重满足员工的个人发展需求、成长需求和情感需求。京瓷通过提供良好的工作环境、发展机会和培训来激发员工的创造力和潜能，最终实现企业的可持续发展和员工的成长，让企业成为一个能够持续创造价值、成就梦想的平台。这一经营哲学不仅关注企业的经济利益，更注重企业与员工、客户、社会的和谐发展，追求企业与社会的共同进步。

"以人为本"的经营哲学正是很多企业需要学习和掌握的。要想打造类似阿米巴的小微组织，实现责任下沉到基层，让每个员工都有自驱力，必须有把员工当成家人的企业文化作为前提。否则，下沉的责任主体会被"小农意识"主导，其会把自身利益凌驾于整体利益之上，各自为政，各行其是，为了短期利益牺牲企业的长期利益。

可能有人会想：既然大家都是主人翁，何必再分你我他，责任主体的下沉也就没有必要了吧？这种想法其实是对"以人为本"的误解。"以人为本"不代表要以牺牲效率为代价。如果没有科学合理的分工，大家虽然都为公司着想，但无法形成合力，投入产出效率就无法保障。所以，在员工都发挥主观能动性的前提下，责任主体下沉是让每个人都了解自身要做什么的目标传导机制，也是让不直接接触客户的岗位秉承"客户至上"价值观的制度安排，还是实现"多劳多得"激励机制的客观依据。

2. 如何划小责任主体

划小责任主体是责任下沉的第一步，也是最困难的一环。按产品或服务、地域或市场、职能或流程、客户群体划小责任主体是通行的做法。例如，一个制造企业可以将生产不同产品的生产线划分为不同的阿米巴，每个阿米巴负责自己的生产任务和利润目标。一个零售企业可以将不同地区的门店划分为不同的阿米巴，每个阿米巴负责自己的销售任务和利润目标。一个IT企业可以将软件开发、测试和维护等不同的职能划分为不同的阿米巴，每个阿米巴负责自己的任务和利润目标。一个金融企业可以按不同类型的客户（如个人客户和企业客户）划分阿米巴，每个阿米巴负责自己的客户服务和利润目标。

因为产品、地域、客户群体的标准相对清晰，按产品、地域、客户群体划分阿米巴也就相对容易。按照职能或者流程来划分阿米巴时，通常会因为产品或服务的数量、质量和价格无法精确计量而导致沟通协作不畅、资源分配不均、目标设置不合理等问题的产生。例如，一家汽车制造公司将车身焊接和生产装配两个环节分别划分为独立的阿米巴，车身焊接环节追求产量和速度，而生产装配环节则注重质量和精度。这种目标设置上的差异可能会导致两个环节之间的冲突和矛盾。

以上阿米巴划分过程中出现的问题本质上是因为企业没能遵从以客户为中心的原则。划分后的阿米巴还保留着成本中心的思维，认为在规定的成本范围内完成既定的工作就达成目标了。其没有站在产品或服务的需求方来考虑协同的问题，更不用说考虑其工作对外部客户带来的影响了。所以，责任主体的下沉不能从各自的本位出发，而要把为客户创造价值作为起点。

假设我们正在为一家电商公司设计责任主体下沉方案，可以按照以下步骤来划分责任主体。

①定义客户价值：对于这家电商公司，客户最关注的价值包括网站易用性、产品质量、价格竞争力、快速可靠的配送等。

②识别关键业务流程：关键业务流程包括网站设计和开发、商品采购、库存管理、订单处理、物流配送等。

③确定责任主体。

·网站设计和开发：这是 IT 团队的职责，他们负责确保网站易于使用、导航清晰、页面加载速度快等。

·商品采购：这是采购团队的职责，他们负责选择高质量的产品，并确保价格具有竞争力。

·库存管理：这是供应链管理团队的职责，他们负责确保有足够的库存以满足客户需求，同时避免过多的库存积压。

·订单处理：这是客户服务团队的职责，他们负责准确无误地处理订单，并及时回答客户的问题。

·物流配送：这是物流团队的职责，他们负责确保货物按时、准确地送达客户手中。

④设定绩效指标。各责任主体的绩效指标如下。

·IT 团队：网站的用户体验评分、网站的访问量、转化率等。

·采购团队：产品的质量评分、价格的竞争力、供应商的交货准时率等。

·供应链管理团队：库存周转率、缺货率、过期存货率等。

·客户服务团队：客户满意度评分、客户投诉率、平均响应时间等。

·物流团队：送货准时率、货物破损率、退货率等。

通过这样的设置，一方面每个责任主体都有了明确的目标，另一方面，其目标汇聚起来就可支撑起客户价值提升总目标，避免了各自为政和相互扯皮，部门壁垒得以消除，团队凝聚力得以提高。

有些指标是难以量化的，比如员工的士气、客户满意度等。但是，这些指标对评价责任主体的整体表现至关重要。以下方法可以帮助企业量化这些指标。

①使用调查问卷和评分系统。对于那些难以直接衡量的指标，可以使用调查问卷或评分系统来获得相关信息。可以针对每个责任主体，设计一个包含关键指标的评分卡或问卷，让员工、客户或其他利益相关方对责任主体进行打分或评级。

②利用统计方法。可以使用一些统计方法，如因子分析、主成分分析或聚类分析等，来将难以量化的指标与其他可量化指标相关联。例如，可以使用因子分析来衡量多个难以直接衡量的指标对客户满意度的贡献程度。

③引入第三方评估机构或专家。对于客户满意度等难以直接衡量的指标，可以引入第三方评估机构或专家，利用他们的专业知识和经验来评估和量化指标。这样可以提高评估的准确性和客观性。

④建立综合评价模型。使用综合评价模型，将多个难以直接衡量的指标组合在一起，以形成一个综合评分或评级。这个综合评分或评级可以反映责任主体的整体表现和绩效水平。

3. 如何建立面向小微组织的管理会计体系

建立面向小微组织的管理会计体系是企业下沉责任主体要做的第二个工作，也是企业面临的又一重挑战。划分责任主体的核心是单位时间核算、分类核算、及时核算，这需要强有力的管理会计体系作为支撑。单位时间核算体系是支撑责任主体下沉的一种精细化管理会计工具，它的核心理念是以单位时间来衡量每个阿米巴的生产效益，即通过计算每个责任主体每小时产生的附加值来评估其生产效率。在具体操作上，建立单位时间核算体系包括以下几个步骤。

①建立单位时间核算表，明确核算科目和计算公式。

单位时间核算表是单位时间核算体系的基础，它以下沉责任主体为单位进行产值的精确计算。通过"单位时间核算＝（销售额 × 佣金率 − 费用）÷总时间"。利用这个公式，可以很容易地得出每个责任主体每小时产生的附加值。

②制定费用计入原则和方法，以确保费用的合理分摊。

为了确保费用的合理分摊，需要制定费用计入原则和方法。这涉及如何将各种费用，包括间接费用和固定费用，分摊到各个责任主体上。这种分摊要基于公正和合理的原则，同时还要充分考虑到各个责任主体的不同情况。

③导入内部交易机制，明确内部交易流程、定价方法和实施方式。

引入内部交易机制会提高企业内部合作效率。在这个制度下，各个责任主体之间的交易都需要按照规定的流程进行。这可以确保数据的准确性和可追溯性，从而更好地实施单位时间核算体系。

划小责任主体后，交易类型的多样化、定价策略的多样性、交易频率和规模的波动、跨组织沟通和协调的难度大等问题都增加了内部交易的复杂性。建立清晰的内部交易规则是确保内部交易公平透明的有效方法。以连锁超市为例，为了提高整个连锁超市的效率，减少库存积压，确保每个门店都有足够的商品供应，需要建立一套清晰的内部交易规则。这套规则包括：每天早上 9 点，所有门店各自汇报自己的库存情况和预测销量；总部根据这些信息，决定哪些门店需要调拨商品，以及调拨的数量；下午 2 点前，所有调拨的商品需要送达目标门店。

④对单位时间核算表进行评价和优化，确保数据的准确性和可操作性。

为了确保单位时间核算表的准确性和可操作性，需要定期对其进行评价和优化。这包括对数据的及时性、准确性、完整性等方面的评估，以及对核算表本身合理性的审查。这些措施可以保证单位时间核算体系的有效性和可操作性。

差异化责任主体管控正在创造价值

自驱组织虽然有很多优点，但也有一些潜在问题，包括目标冲突、沟通不畅、决策困难、缺乏统一标准等。为了解决这些问题，组织需要建立适当的治理结构，并实施有效的风险管理和领导力培养机制。这些都需要一套行之有效的管控机制来保障。

1. 差异化管控

一提到管控，大家脑海里出现最多的可能是"命令"和"服从"等字眼。其实，这是由于科层制组织管控方式让人们形成了刻板印象。管控是伴随着授权出现的，是企业对责任主体授权的赋能和约束。管控的目标是在不影响责任主体自驱力的同时，统一责任主体的绩效导向，减少自我驱动可能带来的分歧，管理权责不对等带来的潜在风险。

不同的业务单元、部门或区域有着各自的独特性，市场环境、客户需求、竞争状况、员工素质等都会有所差异，采用相同的管理方式和策略可能无法取得最佳效果。因此，管控需要根据实际情况灵活调整模式，使得管理更加精准和有效，差异化管控就成了企业必不可少的选择。

除了监督和指挥之外，管控的手段还包括赋能、激励、引导、服务和协调等，并且这些方法逐步成为主流。差异化管控就是根据责任主体业务及其管理层的成熟度，给予其不同的授权，并对其采用不同的管控手段，以实现绩效、自驱与风险三者的平衡。

2. 差异化管控模式

一个责任主体通常会经历涌现、裂变和进化三个阶段，如图 6-2 所示。

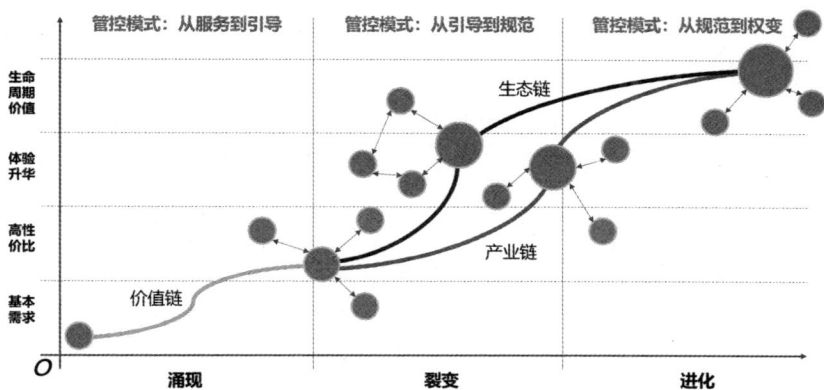

图 6-2　责任主体与管控模式的进化过程

（1）从服务到引导

新的责任主体往往因一个新的客户需求或一项新的技术而涌现，其雏形可能是一个项目、一个工作室、一个部门。如果能为客户和企业带来价值，责任主体就会发展壮大，如果不能，会逐渐被淘汰。

在这个阶段，激发责任主体不断涌现并给予其成长所需的养分是管控的首要目标。责任主体涌现的首要条件是有一个鼓励创新的激励机制和孵化体系。在这个环境下，持续为客户创造价值成了所有员工的信条。凡是能满足客户需求、提升客户体验和降低客户付出成本的想法都会得到鼓励，公司也会形成一套把新想法变现的支撑体系。不同新想法可以通过"打擂台"的方式互相竞争，胜出的新想法可以成为申请预算的依据。获得预算的新想法先以项目组的方式运作，提出想法的人在取得公司项目经理资格的前提下可以自由组合。如果项目组的产品或服务得到客户认可，并且市场空间达到公司所要求的标准，项目组就可以申请成为独立的责任主体。为了得到老责任主体的支持，新责任主体可以给予其"股份"。假如新责任主体获得成功，老责任主体也可享受红利。在前期，客户增长和市场占有率提高是新责任主体的关键目标，新责任主体相当于一个"收入中心"，成本费用只要控制在收入的一定比例之内就可以得到总部支持。这时候，所有的管控都以孵化新责任主体为先。当然，孵化也不是拔苗助长，孵化尽量按照市场化方式运作。比如，企业给新责任主体的资金可以给一定的优惠，但必须以市场利率为基础。

创新的过程是曲折的，战略、产品、商业模式、价值链等都处于探索当中。这些都可能会使得责任主体的业务偏离公司的主航道，也可能会使其与其他责任主体产生冲突。所以引导责任主体在既定的边界内运营就成了过程管控的主要内容。除明确责任主体不可以做的事情之外，设定有导向的内部计价规则和考核规划是引导初创责任主体的关键手段。例如，为了鼓励新老责任主体共享客户资源，共同提升客户价值，就需要按照类似市场化的方式对流量进行结算，但在结算价格方面又得考虑扣减外部交易成本，使得供需双方都有意愿共享客户资源的同时实现公司价值最大化。

（2）从引导到规范

处于涌现阶段的责任主体一般会围绕客户基本需求而成长，组织也会随着价值链的健全而扩展。随着越来越多竞争对手出现，性价比和体验成了制胜的关键。为了取得竞争优势，整合上下游成了行业共识。产品线增多，销售开始按区域、渠道和客户划分，生产也有可能从单一环节向全产业链发展，责任主体也开始沿着产业链和生态链裂变。裂变增加了组织的复杂度，责任主体间的协同变得更加重要。仅仅依靠引导已经无法满足管控在效率和效果方面的要求，规范成了管控的核心抓手。规则流程化和数字化是实现规范的主要手段。企业应通过流程化把规则融入每个业务活动当中。就像任正非提到的：他想喝可乐，只能自己去买，因为流程没有给他免费喝可乐的权力。流程面前人人平等，凡是流程没有授权的，层级再高也不能去干预正常业务的开展。有的人会以流程化阻碍创新而排斥它。其实，流程化并不和审批层级多和效率低画等号。在数字化技术的加持下，流程化可以让企业在规范业务、控制风险的同时保持高效。例如，字节跳动通过数字化财务共享实现了员工报销 1 天内到账，华为也通过规则数字化实现了资源审批流程的大幅提速。

（3）从规范到权变

当企业步入成熟期之后，责任主体容易进入"舒适期"。面对外部新需求、新技术和新竞争者的冲击，企业的响应会变得迟缓。这个时候，企业需要通过变革来促进自我进化，围绕客户生命周期价值实现基业长青成为企业的使命。新的战略、新的能力要求和新的价值观都需要通过责任主体来进行贯彻，原有的管控体系会被打破，管控模式也走向权变。如果转型是为了追求组织更高的一致性，集权和加强管控就会成为组织转型的方向，就如当前中国房地产企业纷纷减少大区，把权力上收到总部一样。如果转型是为了更加积极地响应市场，分权就会成为组织转型的方向，就如阿里把原有的业务拆分为"1+6+N"一样。分权旨在打破传统的垂直管理模式，让各个业务板块和事业部门更加灵活、自主地运作，从而更好地适应快速变化的市场环境和满足客户需求。如果转型是为了追求快速的技术创新，搭建集中化、平台化的技术团队就成了组织转型的方向，如谷歌把 DeepMind 和谷歌大脑合二为一。如果转型是为了降低成本和提升效率，剥离和转型战略相关度低的业务，搭建各种共享平台就成为组织转型的方向。

责任主体管理层的成熟度也是设计管控体系的关键考虑因素。原则上，管控力度和责任主体管理层成熟度负相关。对成熟度高的管理层可以赋予其更多的权力，对成熟度低的管理层需要给予其更多的关注和引导。评价管理层的成熟度是一项相当有挑战性的任务，它涉及多个维度，包括战略思维、风险意识、领导力、决策能力、沟通技巧、团队协作、道德与伦理、绩效管理、人才管理、创新与变革管理以及财务管理等。总部可以根据这些维度对下属企业的管理层进行综合评估，并根据评估结果调整管控模式，以实现最佳的管理效果。

< 案例 >

从阿里中台的建与拆看经营责任的收与放

阿里中台的建设和拆除过程十分引人注目。这一过程不仅反映了阿里对经营责任的收放策略和对业务效率的不懈追求，也揭示了企业如何通过组织结构调整来应对业务变化。

在快速发展阶段，企业内部出现了大量重复建设和资源浪费的问题。为解决这个问题，张勇提出了"大中台、小前台"的组织战略。他认为通过构建有统一的技术架构、产品支撑体系、安全体系和服务体系的大中台，可以更好地支持前端多种多样且快速变化的业务需求。中台团队负责搭建和维护这个共享服务平台，承担起跨部门协调和资源整合的重要责任，为前端业务提供技术支持、数据服务和业务流程优化。中台提供的统一高质量业务数据为大数据分析和决策提供了坚实基础，共享服务体系建设和组织阵型调整激发了员工的积极性和创新意识。

随着阿里的业务领域复杂性不断增加，为了更好地适应业务的变化和提升响应速度，企业决定缩小中台的业务范围，将更多的经营责任下放到一线团队。同时，随着"经营责任制""板块治理""多元化治理"的提出，业务总裁和负责人的经营责任更加明确。他们不仅要对业务结果负责，还要管理财务、法务、人力、公关等职能部门，形成类似独立公司的运作模式。通过扩前台，更多的决策权限被下放到一线团队，虚化的中台理念进一步强化了经营责任的分配和组织的灵活敏捷性，实现了充分的授权。这一过程中，中台的角色逐渐从实体部门转变为一种运作方式，每个业务团队和个体都需要具备一定的中台思维，理解并运用共享服务和数据驱动的方法来提升工作效率和创新能力。

阿里的中台建设和拆除过程，以及随之而来的经营责任的收与放，展示了企业在面对战略调整、业务变化时如何通过组织结构调整来驱动发展和提升效率。从通过大中台整合资源，通过小前台激发创新，到通过缩中台适应业务变化，充分授权以提升响应速度，阿里始终坚持以提升组织效率和创新能力为目标，不断探索最适合自己的经营责任分配和管理模式。

阿里的整体组织脉络经历了"集中—分散—集中—再次分散"的演变，这看似是一个轮回，但从组织变革的底层逻辑看，其核心理念并未改变，那就是持续追求组织效率和适应业务变化。无论是早期的业务突破，中期的灵活创新，还是后来的防范风险和再次强调组织灵活性，都体现了阿里在不同发展阶段对经营责任收放策略的合理运用和对组织效率的执着追求。

阿里中台的例子揭示了组织变革中的一个重要原则：任何成功的经营责任分配模式都不是一成不变的，而是需要根据实际情况进行适时调整和创新，以实现组织效率的最大化和业务发展的持续性。

第 7 章

智能驱动的企业绩效
赋能平台

▶ Glean 用大模型重构企业 IT 应用的启示

ChatGPT 的横空出世宣告人工智能从小模型时代进入了大模型时代，也给 AI 用户、从业者和投资者带来无限想象空间，各界权威不约而同地提出有必要基于大模型把所有 IT 应用都重做一遍。其中，定位为企业信息入口的 Glean 由于其良好的用户体验脱颖而出，被一些用户称为"最了解员工的 AI 同事"。

Glean 所在的市场为企业信息搜索，微软、谷歌、亚马逊、IBM、甲骨文等大型科技企业也在该市场，Glean 凭什么能脱颖而出呢？相比竞争对手，大模型加持的跨应用搜索和个性化推荐是其亮点。如果说 ChatGPT 等大模型是通才，那么 Glean 就是聚焦企业信息管理的专才。Glean 针对客户公司的语言和背景等为每一个客户公司训练定制化的 AI 模型，构建有关公司人员、内容和互动的知识图谱。Glean 通过矢量搜索和关键词搜索相结合的方式，使每一个用户的搜索结果都将基于知识图谱的数据个性化呈现。例如不同职位、不同地理位置的员工搜索自己的 OKR 指标时，Glean 会给每个人不同的结果。此外，用户还可以在 Glean 上执行与 Glean 连接的 100 多个软件即服务（Software as a Service，SaaS）应用的轻量级功能，例如在 Glean 上直接启动会议、创建 Jira 文档等。

Glean 原本只是众多企业信息搜索公司中的一个"小兵"，其通过 AI 赋能，很快成为行业的明日之星。如果说 ChatGPT 是互联网的新入口，Glean 则有望成为针对企业场景的门户产品——所有 SaaS 应用的第一界面、所有员工的 AI 助手。2022 年 5 月，Glean 完成由 Sequoia US 领投的 1 亿美元的 C 轮融资，估值达到 10 亿美元。

Glean 还有很长的路要走，但其通过大模型和企业内部信息相互结合的方法，为内外部信息融合、提升信息共享效率和把经验沉淀为知识提供了很好的思路，而这些恰恰也是企业绩效赋能平台需具备的核心能力。

告别传统：新一代企业绩效赋能平台框架

1. 企业绩效管理软件发展历程

谈到企业绩效管理赋能平台就不能不提海波龙（Hyperion）公司。其成立于 20 世纪 70 年代，于 2007 年被甲骨文（Oracle）公司收购。海波龙公司的预算管理软件可以说是企业绩效管理系统的鼻祖，现在被业界广泛采用的多维数据库概念就是由它而起的。不管是老牌的 EPM 产品，如 SAP BPC、IBM TM1，还是新一代的 EPM 产品，如 Anaplan、O9 等，都和海波龙公司有着千丝万缕的联系。

在客户和 EPM 厂商共同推动下，企业绩效管理信息化经过了数据化、数字化和智能化三个阶段。国内企业绩效管理数据化始于 2000 年左右，在当时，实现预算线上化编制，提升工作效率是企业的核心诉求。客户的关键需求是基于所在行业和管理需求定制预算模型，具备灵活建模能力的多维数据库就成了 EPM 厂商的核心产品。

随着企业对管控和分析的重视，围绕预算数据开展数字化应用成了企业绩效管理的热点。编制、管控和分析一体化成了企业的核心诉求，Anaplan 等新生代厂商也由此崛起。

2. 新一代企业绩效赋能平台框架

在现阶段，领先企业开始把智能化作为企业绩效管理系统的应用方向，能够支撑智慧管控和智能分析的赋能平台备受关注。EPM 厂商也纷纷拥抱 AI 开始了新的探索，例如基于知识图谱的供应链模型、基于机器学习的预测模型、"AI+ 求解器"的库存优化模型等创新产品纷纷问世。但这些都是点式创新，新一代企业绩效赋能平台需要全面实现智能驱动。连接智能、应用智能和数据智能应是平台必须具备的核心能力。连接智能缩短人和信息的距离，应用智能强化 AI 模型对应用的支撑，数据智能深化数据与数据之间的联系。

新一代企业绩效赋能平台框架如图 7-1 所示。

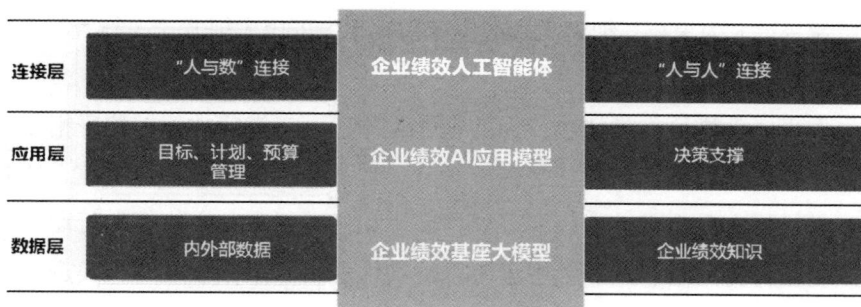

连接层	"人与数"连接	企业绩效人工智能体	"人与人"连接
应用层	目标、计划、预算管理	企业绩效AI应用模型	决策支撑
数据层	内外部数据	企业绩效基座大模型	企业绩效知识

图 7-1　新一代企业绩效赋能平台框架

基于连接、应用和数据智能化的需求，新一代企业绩效赋能平台可按图 7-1 所示的"三层一擎"架构搭建。连接层用于汇聚和分发绩效信息，应用层负责响应用户的目标管理和决策支撑需求，数据层起着存储、加工数据的作用。作为智能驱动的引擎，人工智能贯穿平台的各个层面。人工智能体（AI Agent）让每个用户都拥有专属"企业绩效智能助手"的愿望成为可能，企业绩效 AI 应用模型使得洞悉未来和科学决策有了支撑，企业绩效基座大模型为企业绩效智能提供了持续进化的动力。

（1）把绩效责任人作为关键用户

传统的企业绩效管理软件，特别是预算管理系统，使用频率低和用户黏性差是被人诟病的地方。这固然和传统预算编制以年或月为周期相关，但更重要的原因是这些系统并没有把绩效责任人当作核心用户，而是把管理绩效的人作为关键用户。因此，设计系统的初衷是为了提高编制效率和缩短编制周期。为了方便预算预测数据的录入，系统的界面以各种表单为主，信息查询困难，用户体验不佳，对真正关注绩效的用户并不友好。管理层等绩效责任人如果需要相关信息，就只能依靠系统用户导出数据并加工成定制的报告。信息的相关性和及时性得不到保障。

相比传统的企业绩效管理软件，新一代企业绩效赋能平台最大的不同是把绩效责任人作为关键用户。基于用户的角色和所处业务场景提供适时、精准的绩效信息是平台的立身之本。作为企业绩效的信息入口，连接层的作用就变得尤为重要。把人工智能体应用其中，可极大提升"人与人""人与数"的连接效率。

作为一种模拟人类智能行为的软件实体，人工智能体能够接受指令、执行任务、与人类互动并从经验中学习。其主要价值体现在自主性、适应性、学习能力和交互性方面，可根据环境和任务需求自主决策和行动、自适应调整行为策略、从经验中学习以提高性能和效果，以及与人类进行自然语言交互，提供人性化用户体验。具体来讲，借助自然语言可提供人性化用户体验，运用高级数据处理和分析技术满足复杂查询和分析任务；还可以依托自动化数据收集、清洗、分析等工具大大提高效率和准确性。同时，人工智能体还具备持续学习、安全保障和系统集成能力，使得数据处理过程更加智能、便捷和安全。

（2）强化企业绩效 AI 应用模型能力

在应用层面，预算管理和财务合并是传统企业绩效管理软件的核心用途，其设计出发点是实现预算编制和报表合并的信息化。以预算管理为例，系统通过多维模型、编制模板、工作流程和权限管理等功能，把原先散落于不同 Excel 文件的计划和预算逻辑配置到系统中并进行统一管理，达成了用户基于统一模板在线协同工作的效果，解决了线下逻辑混乱、数据收集和汇总困难等痛点。但其价值还是停留在提升效率和统一标准的层面，与洞悉未来和科学决策的目标相距甚远。

针对传统企业绩效管理软件的短板，新一代企业绩效赋能平台定位于赋能价值驱动的目标管理和数据驱动的决策支撑。无论是目标管理所需的扩散等模型，还是决策支撑所需的归因等模型，都离不开企业绩效 AI 应用模型的加持。企业绩效 AI 应用模型可以帮助企业更好地应对不确定性，提高财务预算的准确性和可靠性，从而为企业的长期发展打下坚实的基础。具体来讲，企业绩效 AI 应用模型的作用体现如下。

①模拟和情境分析。

企业绩效 AI 应用模型可进行多种情境分析，帮助企业评估不同决策的潜在影响。例如，企业绩效 AI 应用模型可以模拟不同的市场环境，分析每种环境下企业的盈利能力和风险水平。

②自适应学习和优化。

强化企业绩效 AI 应用模型根据实际情况进行自适应学习和优化的能力，不断提高预测的准确性。例如，当实际结果与预测结果不一致时，企业绩效 AI 应用模型可以根据误差进行调整，提高预测的准确性。

③实时监测与反馈。

企业绩效 AI 应用模型可实时监测预算执行的情况，并给出反馈和建议。例如，当某个项目的实际支出超出预算时，企业绩效 AI 应用模型可以立即提醒相关部门，并给出建议的节约措施。

④数据驱动的分析。

企业绩效 AI 应用模型可分析大量的历史数据和实时数据，提供对未来的预测和建议。这些数据包括市场趋势、销售、成本、客户反馈等多个维度的信息。

⑤风险管理与预测。

企业绩效 AI 应用模型可帮助识别潜在的风险因素，并提供相应的风险管理方案。例如，通过对历史数据的分析，企业绩效 AI 应用模型可以识别出哪些产品或服务容易受到市场波动的影响，从而帮助企业做出相应的调整。

（3）多维数据库

在数据层面，为支撑多维建模和分析，传统企业绩效管理软件把多维数据库作为其底层数据结构。这种数据库是一种将数据存储在多维数组中的数据库。它具有大量稀疏矩阵，用户可以通过多维视图查看数据。相比关系数据库，多维数据库可以提高数据处理速度，加快反应时间，并提高查询效率。其有两种类型：ROLAP（Relational OLAP）和 MOLAP（Multidimensional OLAP）。ROLAP 基于关系数据库进行多维分析，而 MOLAP 则将数据存储在多维数据结构中，提供了更快、更高效的多维查询功能。主流的多维数据库产品包括 Oracle OLAP、Microsoft SQL Server Analysis Services（SSAS）、IBM CognosTM1 和 Essbase。

多维数据库的效率高和速度快等优点也是新一代企业绩效赋能平台所必需的，但需要针对其存在的问题进行重构和优化。多维数据库的设计和管理相比传统关系型数据库更加复杂，数据一致性的维护也更加困难。此外，随着数据量的增加和维度的增加，查询性能也可能会下降。因此，需要采用分布式计算框架、缓存技术和实时数仓等方式提高查询效率和一致性。例如，在常用的维度上建立索引和将常用的数据缓存在内存中，就可以减少磁盘 I/O 操作和提高查询效率。引入人工智能和机器学习技术有助于自动化处理和分析数据，减少人工干预和错误，提高数据处理的一致性和查询速度。

除了对多维数据库升级之外，将通用大模型与行业和企业绩效知识结合形成企业绩效基座大模型也是重要的任务。大模型具有处理复杂问题的能力和处理海量数据的能力，而其与领域知识结合可以更好地理解特定领域的问题。企业绩效基座大模型是建立应用模型和人工智能体的基础和核心，应用模型是在大模型的基础上进行微调而生成的，人工智能体则是基于大模型或应用模型而构建的 AI 程序。大模型、应用模型和人工智能体相互配合使用，可以产生更高效的数据处理和分析、更精准的预测和决策、更好的用户体验以及更高的自动化程度和生产效率等协同效果。具体如下。

①更高效的数据处理和分析。

大模型具备处理大规模数据的能力，而应用模型可以对数据进行分析并提供有价值的信息，人工智能体可以与人类进行语言交互并帮助人类完成任务。这三者相互配合，可以实现更高效的数据处理和分析，从而更好地满足用户需求。

②更精准的预测和决策。

大模型通过学习大量数据，可以发现其中的模式和规律，并做出精准的预测和决策。应用模型可以对这些预测和决策进行微调和优化，使其更符合特定场景或问题的需求。人工智能体则可以利用这些预测和决策结果，为用户提供更好的服务和支持。

③更好的用户体验。

大模型、应用模型和人工智能体的相互配合，可以使人工智能体更好地理解用户需求，提供更个性化的服务。同时，这三者之间的配合还可以提高系统的自主性和响应速度，使用户能够更快速地获得所需信息和解决方案，进而提升用户体验。

④更高的自动化程度和生产效率。

应用模型可以在大模型的基础上进行特定化，以适应生产过程的需求。人工智能体可以利用这些模型，自动执行某些任务，从而提高生产效率。同时，这三者之间的配合还可以减少人工错误和提高安全性，进一步提高生产效率。

＜案例＞

Salesforce 的 AI 转型——如何利用人工智能赋能 CRM 产品

随着人工智能技术的快速发展，越来越多的企业开始意识到 AI 在业务中的潜力。虽然 AI 具有巨大的潜力，但许多企业在尝试采用 AI 时却遇到了诸多困难。尽管有许多 AI 工具和技术可供选择，但将它们整合到企业的日常运营中需要大量的专业知识和技能。Salesforce 的 Einstein GPT——一款旨在简化企业采用 AI 过程的工具应运而生。

Einstein GPT 是一种嵌在 Salesforce 云中的 AI 赋能应用程序，它可以帮助企业更快地生成个性化内容，并将 AI 用例提升到一个新的水平。

1. 销售领域

在销售领域，销售代表需要花费大量的时间来寻找潜在的客户和业务机会，并与客户保持联系。Einstein GPT 可以帮助销售代表更好地管理他们的时间和资源，从而提高销售效率。具体来说，它可以：

①识别出最有可能转化的潜在客户和业务机会，从而提高销售效率；

②通过最佳实践分析销售周期，发现漏斗趋势并采取行动；

③自动采集和处理数据，从而让销售代表把更多时间花在销售上；

④利用客户关系管理（Customer Relationship Management，CRM）数据自动生成相关的推广材料。

2. 客户服务领域

在客户服务领域，AI 可以帮助企业提供更快速、更准确的客户服务，从而提高客户满意度。Einstein GPT 可以帮助客服人员更好地处理客户请求，包括：

①自动预测并填写个案字段，节省时间，减少重复性任务，从而加快解决个案；

②解决网络和手机聊天或手机短信等实时数字渠道的常规客户请求，从而提高呼叫响应效率；

③采集并验证客户信息，进行客服人员转接，从而缩短处理时间；

④给客服人员提供智能、语境的对话建议和知识建议，更快解决问题；

⑤利用 CRM 数据自动创建定制的服务回复、知识文章和工作摘要。

3. 市场营销领域

市场营销的关键是了解客户，并提供个性化的市场营销活动。然而，每个客户都是独一无二的，这使得市场营销人员需要知道客户在哪些渠道花的时间最多，如何把合适的内容提供给他们，以及何时与他们互动。Einstein GPT 可以帮助营销团队更好地了解他们的客户，包括：

①揭示客户见解，做出预测，帮助营销团队深入了解客户；

②建议何时、通过什么渠道联系客户，从而提高参与效果；

③根据客户的偏好和意图，创建个性化消息和内容；

④简化市场营销操作，提升效果；

⑤利用 CRM 数据自动生成主题行和 Web 市场活动。

4. 电子商务领域

在电子商务领域，客户希望能够在多个渠道上获得一致的购物体验。Einstein GPT 可以帮助零售商提供高度个性化的客户体验，无论客户在哪里购物。具体来说，它可以：

①基于客户的历史购买记录和浏览行为，向客户展示个性化的产品推荐和优惠券；

②实现订单管理流程自动化，包括预测库存需求和优化供应链。利用 CRM 数据自动生成产品描述和网站内容；

③提供即时的跨设备购物体验，让客户可以在不同的设备之间无缝切换。

总的来说，Einstein GPT 提供了一种简单而强大的方法，让企业能够利用生成式 AI 技术，提升其各个领域的业务运营效果。无论是销售、客户服务、市场营销还是电子商务，Einstein GPT 都能够为企业带来显著的效益。

把所有绩效责任人当作目标用户

新一代企业绩效赋能平台把所有绩效责任人当作目标用户。连接层的核心功能是实现人和数据、人和场景、场景和数据以及人和人的高效互动。智能驱动的企业绩效连接层由用户门户、应用场景和赋能工具三部分构成，如图 7-2 所示。

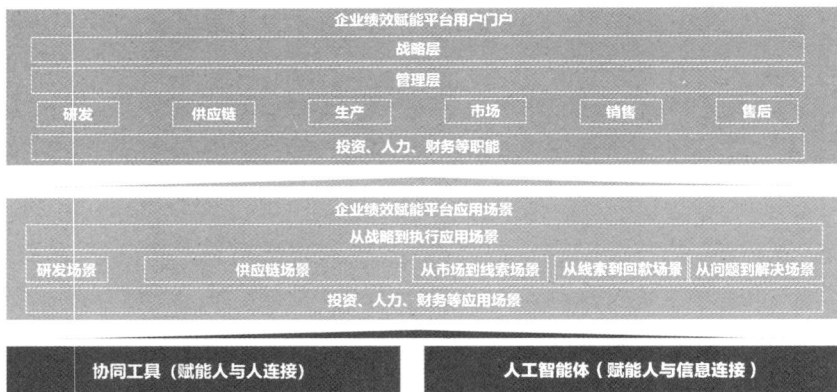

图 7-2　智能驱动的企业绩效连接层

1. 人工智能体让"人找数"和"数找人"更容易

按照企业绩效管理的角色，平台用户可分为战略层、管理层、运营层和职能层等类。按照所处价值链环节的不同，运营层又可划分为研发、供应链、生产、市场、销售和售后等类。战略层是企业决策的核心，负责制定长期的战略目标和规划。整体业绩指标、市场趋势和竞争环境、风险评估和长期计划是战略层关注的重点。管理层负责监督和协调企业的日常运营，确保各项任务按时完成。其关注的企业绩效信息包括部门 / 团队 KPI、项目进度和预算、人力资源管理、沟通和协作等。运营层负责执行和实施企业的日常运营活动。其关注的企业绩效信息包括运营实时数据、流程效率、客户反馈、资源分配等信息。职能层是执行特定职能的团队，如财务、IT、人力资源等。其关注的企业绩效信息包括专业领域指标、内部流程和规定执行情况、培训和技能提升、与其他职能层的协同等。

用户门户的作用是实现人和数据、人和人的连接，满足不同层级的信息需求，并促进组织的协同和高效运作。把"人找数"变为"数找人"是其智能化建设方向。"人找数"主要依赖于人工查找和分析数据，其优势在于依靠人的主观能动性和判断力，可以根据具体的问题和需求去筛选和解读数据。然而，这种方式往往效率较低，且容易受到主观偏见的影响。相比之下，"数找人"则是借助于机器学习和深度学习等技术，让数据主动找到用户，这种方式的优势在于其高效性和客观性。

个性化推荐系统是实现"数找人"的核心方法。该系统通过结合用户画像和推荐算法，根据用户的角色、查询历史和阅读习惯等因素，向用户推荐定制化的绩效信息，从而提升信息的相关性和及时性。为了实现这一目标，企业需要通过数据分析和挖掘技术分析用户行为、关注点和兴趣，以预测用户需求和偏好；也需要通过调查问卷、在线客服和数据分析工具等手段收集和分析用户数据，了解用户反馈和需求，从而不断优化平台的功能和服务。

在实践中，企业要搭建一套有效的推荐系统面临着诸多挑战，如数据稀疏、冷启动等问题。例如，对一个音乐流媒体应用的推荐系统来讲，当一个新用户注册并开始使用应用时，他可能只听了几首歌曲，甚至可能什么都没听。在这种情况下，推荐系统就面临着数据稀疏的问题，因为它无法从这个新用户的数据中获取足够的信息来准确地推荐他可能喜欢的歌曲。企业需要综合运用机器学习、数据挖掘、自然语言处理等技术来解决以上问题，并针对具体应用场景优化推荐系统。

引入人工智能体在一定程度上可以帮助企业解决个性化推荐存在的这些问题。具体来说，人工智能体可在以下几方面对推荐系统进行优化。

①自适应学习：人工智能体可以根据用户的反馈和行为动态地调整其推荐策略，从而更好地适应用户的需求和兴趣。

②深度学习和强化学习：人工智能体可在海量数据中学习，发现潜在的模式和关联，从而提供更准确的推荐。

③多任务学习和迁移学习：人工智能体可以将在一个领域中学到的知识和经验应用到另一个领域中，从而加快学习速度和提高推荐质量。

④解释性和透明度：人工智能体可以生成解释，帮助用户理解为什么会得到特定的推荐，提高系统的透明度。

⑤用户建模：人工智能体可以更深入地理解用户的需求和偏好，包括长期和短期兴趣、个性化需求等，从而提供更有针对性的推荐。

⑥社交和协作：人工智能体可以模拟人类的社交和协作行为，例如，其基于社交网络中的信任关系或群体行为来进行推荐。

根据业务场景为用户推送绩效信息可最大化地发挥"数找人"的价值。这种方法的价值主要体现在六个方面。

第一，这种方法为用户提供了精准的决策支持，确保用户在关键时刻做出正确的选择。

第二，实时反馈和推送的绩效信息能够帮助用户快速调整工作策略，从而显著提高工作效率。

第三，系统可以根据用户的工作情况和反馈，灵活调整推送的信息类型和频率，使用户更好地适应目标变化。

第四，推送的绩效信息能够激发用户的学习动力，促使他们针对自己的优劣势进行有针对性的提升，从而实现持续进步。

第五，这种方法使用户能够实时看到自己的努力和成果，增强他们的参与感和归属感，进一步激发他们的工作热情。

第六，通过分享和比较绩效信息，团队成员之间可以相互学习和借鉴，从而提升整个团队的协作效果。

2. 用场景实现人、数、场的动态连接

从战略到执行流程是企业绩效管理的核心业务场景，这一流程涵盖了战略规划、战略分解、资源分配、执行监控、绩效评估和战略调整等多个关键步骤。通过这些步骤，企业能够明确长期发展目标，合理分配资源，确保绩效管理措施的顺利实施，激发员工积极性和创造力，并在不断变化的市场环境中保持竞争力。此外，为有效提升各项业务的科学决策能力，集成产品开发流程、集成供应链流程、从市场到线索流程、从线索到回款流程、从问题到解决方案流程乃至各项职能流程都将是企业绩效管理要支撑的业务场景。例如，预算管理和科学决策在从线索到回款流程中就扮演着至关重要的角色。

从线索到回款流程涵盖了从获取销售线索到收到款项的整个过程，包括机会管理、报价管理、订单管理、发货管理和收款管理等环节。它的主要目标是确保销售过程的高效性和透明度，以最大化销售收入和利润。通过绩效信息和流程的结合，预算管理能够帮助企业合理分配资源，确保在每个阶段都有足够的资金支持，同时避免浪费和不必要的开销。科学决策则基于数据分析和深入洞察，帮助企业做出明智的选择，无论是线索获取、客户转化、订单处理还是售后服务环节，都能最大限度地利用资源，提高效率和准确性。两者的结合，不仅可以改善销售和营收管理，还能帮助企业预测未来的趋势和变化，做好战略规划和风险控制，从而实现持续增长的目标。

把相关的报告嵌入业务流程当中是实现人、数、场动态连接的关键的通行做法。但在实施过程中可能会遇到以下几个难点。

①数据集成和管理：为了能够根据用户角色推送信息，需要收集、存储和管理大量的用户数据，包括他们的职位、职责、权限等。这需要一个强大的数据管理系统，并且需要确保数据的安全性和隐私保护。

②数据分析和挖掘：为了准确地推送信息，需要对用户数据进行深入的分析，了解每个用户的需求和兴趣，以便为他们提供最有价值的信息。这需要使用数据挖掘和机器学习等技术。

③系统集成：为了将报告嵌入业务流程中，需要将这个系统与其他业

务系统集成。这可能涉及不同的技术平台和数据格式，因此需要进行复杂的系统集成工作。

④实时性和可靠性：为了确保推送的信息及时且准确，系统需要具备高效的实时处理能力，并保证数据的可靠性和一致性。

⑤用户接受度：用户可能对推送的信息持怀疑态度，担心他们的隐私被侵犯或者觉得系统推送的信息太过于单一。因此，需要设计一个对用户友好的界面，并提供足够的透明度和控制权，让用户能够自主选择他们感兴趣的信息。

⑥维护和更新：一旦系统建立起来，还需要持续地监控和维护它，确保它能够适应业务的变化和用户需求的改变。这可能需要投入大量的人力资源。

使用人工智能体也可以在一定程度上帮助解决上述问题。

①数据集成和管理：人工智能体可以协助进行数据的收集、清洗和整理，从而减轻人工负担。例如，利用自然语言处理技术，人工智能体可以从各种文档和数据源中提取关键信息。

②数据分析和挖掘：人工智能体可以使用机器学习和数据挖掘技术来分析用户数据，发现隐藏的模式和趋势，从而更准确地预测用户需求。

③系统集成：人工智能体可以作为一个中间层，协调和连接不同的系统和服务，降低系统集成的复杂度。

④实时性和可靠性：人工智能体可以使用分布式计算和缓存技术，提高系统的实时性和可靠性。

⑤用户接受度：人工智能体可以通过自然语言交互，提供更加人性化的用户体验，增加用户的接受度。

⑥维护和更新：人工智能体可以自动监测系统状态和性能，及时发现和解决问题，降低维护成本。

3. 用协同工具强化沟通

人与人之间的顺畅沟通对企业绩效管理有着至关重要的作用。管理层需要与员工详细解释他们的年度目标，包括如何衡量目标，以及这些目标如何与整个企业的战略相一致。管理层也需要定期给员工提供反馈，强调员工做得好的地方，同时指出有待改进的地方，并提供具体的建议。此外，沟通还可以让员工感到他们的声音被听到，他们的贡献受到赞赏，从而提高他们的工作满意度和投入度。总之，无论是目标设定、反馈、指导，还是激励和参与，人与人之间的沟通都是确保企业绩效管理成功的关键因素。所以，强化人和人的沟通也是连接层的重要功能。

飞书、钉钉等协同办公软件可以在强化企业绩效沟通和协同中发挥重要作用，它们通过实时通信、项目管理、文档共享和分析报告等功能，加强了员工和经理之间的沟通，简化了目标设定和跟踪，提高了团队协作效率，同时也为管理层提供了深入了解团队和个人绩效的工具，从而帮助企业更好地实现其战略目标。

企业可以通过绩效管理系统和协同工具紧密结合的策略，提高绩效管理的效率和精度，进一步推动企业的发展。首先企业需要利用应用程序接口实现相互集成，使员工能够在协同工具中直接查看和更新绩效数据，同时，管理层也可以在绩效管理系统中实时获取和分析这些数据。其次，企业应充分利用协同工具的自动化功能，如自动提醒、自动分配任务等来辅助绩效管理。例如，当员工的绩效数据达到预设阈值时，系统可以自动向其上级发送提醒消息，以便其上级及时采取措施。再次，企业还可以充分利用协同工具提供的数据分析功能，通过对绩效数据进行深入挖掘和分析，找出潜在问题和发现优化空间。比如，企业通过分析不同部门或不同岗位的绩效数据，可以发现某些部门或岗位存在的普遍问题，并针对性地进行改进。最后，考虑到许多员工和管理层习惯使用移动设备进行工作，因此，将企业绩效管理系统和协同工具都适配到移动端，可以极大地提高使用便利性和效率。

在实现企业绩效管理系统和钉钉、飞书等协同工具紧密结合的过程中，可能会面临诸如数据兼容性低、数据安全和隐私保护得不到保障、学习曲线、集成和维护成本低、员工接受度低等挑战。其中保护数据安全和隐私最为关键。假设某家公司使用一款在线协同工具来存储和共享员工绩效数据。由于缺乏适当的安全措施，未经授权的人可以轻易地访问这些敏感数据。这会导致数据泄露、不公平决策乃至声誉受损情况的出现。未经授权的人可能会复制、传播或出售这些数据，从而导致员工个人信息的泄露，给员工带来困扰和损失。员工绩效数据也有可能会被未经授权的人篡改，那么基于这些数据做出的决策可能会不公平，影响员工的职业发展和福利待遇。如果公司无法保护员工的个人信息，那么员工和公众可能会对公司失去信任，损害公司的声誉和品牌形象。

因此在选择合适的工具之前，要对各类工具的能力进行综合评估。可选的企业级即时通信和协同工具主要有飞书、钉钉和 Slack。它们都可以支撑企业绩效管理，但也存在一些差异。以下是它们在支持企业绩效管理方面的优劣势比较。

飞书的优势是具有强大的集成能力，飞书可以与企业内部的各项业务系统，如客户关系管理（CRM）系统、企业资源计划（ERP）系统等进行深度集成，从而方便企业进行数据整合和业务流程优化，提高绩效管理效果。其提供了丰富的沟通、协作和办公功能，如会议、任务管理、文档共享等，这些功能有助于提高团队协作效率，进而提升企业绩效。用户体验好也是很多用户选择飞书的原因，其界面简洁、操作便捷，用户可以快速上手。但相较于钉钉和 Slack，其市场份额和用户基础仍有一定差距，可能在一定程度上影响其绩效管理效果。

钉钉的优势是平台成熟，其在国内市场拥有较高的市场份额和用户基础，许多企业已经开始使用钉钉进行日常办公和业务管理。由于背靠阿里巴巴集团，钉钉拥有丰富的生态系统，可以与其他业务系统进行集成，实现数据互通和业务流程优化。相比其他工具，钉钉过多的插件和功能导致用户界面变得复杂，影响用户体验。

Slack 以团队协作为主要场景，提供了丰富的沟通和协作功能，如聊天、任务管理、文件共享等，有助于提高团队协作效率。强大的搜索和知识库功能也是 Slack 所特有的。基于这些功能，企业可以快速找到相关聊天记录和文件，也可以把内部的知识库整合到平台中，方便员工查找和分享。但 Slack 在国内的市场份额和用户基数相对较小，可能影响其在绩效管理方面的效果。

综上所述，飞书、钉钉和 Slack 在支撑企业绩效管理方面各有优劣势。具体选择哪个平台，需要根据企业的实际需求和业务场景进行权衡。

＜案例＞

智慧之光——人工智能体如何实现金融领域的人机交互

在当今快节奏的世界中，金融服务的速度和准确性至关重要。随着人工智能技术的进步，越来越多的金融机构开始探索如何利用人工智能体来提升其人机交互能力。摩根大通是一家国际知名的银行，在全球拥有数百万的客户。然而，随着金融科技的快速发展和客户期望的提高，公司意识到传统的客户服务模式已经无法满足客户的需求。为了提高客户满意度和服务效率，公司决定引入人工智能体来协助其客户服务团队。

摩根大通为了确保人工智能体能够提供高质量的客户服务，投入大量资源整理和分析其海量历史客户数据，作为人工智能体的精准输入。同时，公司聘请了顶尖的 AI 专家团队对人工智能体进行训练和优化，使其能够更准确地理解和回答客户问题。此外，为了确保人工智能体的稳定性和可靠性，摩根大通在其现有的客户服务平台中集成人工智能体，并进行了全面严格的测试。通过这一系列举措，摩根大通成功提升了客户满意度，进一步巩固了其在金融行业的竞争优势。

在实施人工智能体过程中，摩根大通遇到了一些挑战，并找到了相应的解决方案。由于历史数据的质量问题，人工智能体在处理某些问题时表现不佳。为了解决这个问题，银行采取了更严格的数据清洗和预处理措施，并定期更新人工智能体的训练数据。同时，由于客户遍布全球，需要 AI 能够理解和回答不同语言的问题。为此，公司为人工智能体增加了多语言支持的功能，并进行了相关的训练。为了保护客户隐私，摩根大通采用了多层安全措施，包括数据加密和访问控制，确保人工智能体在处理客户数据时严格遵守隐私法规。通过引入人工智能体，摩根大通成功地提升了客户服务的效率和准确性，平均响应时间从几分钟减少到几秒钟，客户满意度大幅提高。然而，在实践中，人工智能体在某些情况下可能会误解客户的问题，导致回答不准确。为了解决这个问题，摩根大通不断优化人工智能体的训练和算法，并增加了人工干预的环节，确保人工智能体的回答准确无误。

摩根大通的实践向我们展示了人工智能体在金融服务中的巨大潜力。通过克服数据质量问题、语言多样性问题、隐私保护问题、人工智能的道德和伦理问题、技术的可持续性和未来发展问题等，摩根大通成功地将人工智能体应用于其客户服务中，为客户提供了更快、更准确和更个性化的服务。然而，公司在引入人工智能体时，仍需注意一些挑战和风险，并持续努力解决这些问题。

什么才是好的应用：为业务场景持续赋能

伴随着企业绩效管理平台的赋能重心从管理者转换为责任人，其核心应用也从预算管理和财务合并转变为面向战略层、管理层、运营层和智能层的目标管理和决策支撑。相较于预算管理和财务合并，这些应用与业务结合得更加紧密。为了更好地服务业务，支撑业务在具有不确定性的环境中发现确定性，行业化、场景化和敏捷化成了企业绩效应用的建设方向。行业化可以提供定制化行业解决方案，从而辅助企业在多元化竞争中获得优势。场景化则帮助企业在不同的业务场景中做出准确的决策。敏捷化使企业能够快速响应市场和业务变化，降低风险并提高竞争力。

1. 智能驱动的企业绩效应用层

基于行业化、场景化和敏捷化的建设方向，智能驱动的企业绩效应用层可按图 7-3 所示思路构建，由应用集市、应用组装工厂、应用组件库和组件开发平台四部分构成。

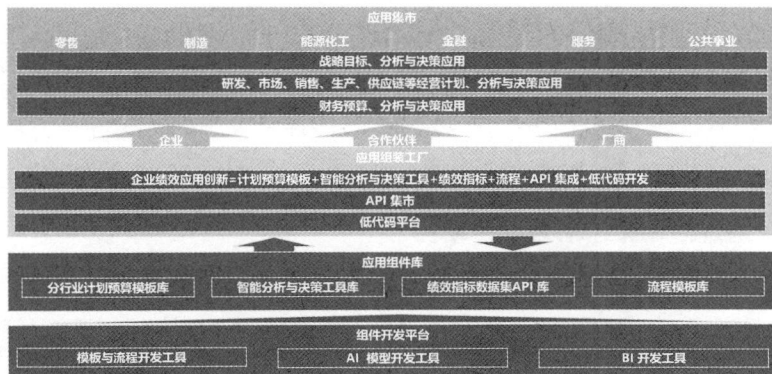

图 7-3　智能驱动的企业绩效应用层

应用集市相当于一个集中式的应用商店，其作用是方便用户发现和下载合适的应用，同时为开发者提供应用分发渠道。通过提供一站式服务，包括应用的发布、推广、下载、安装、更新和卸载等，应用集市为用户和开发者提供了一个便捷的平台，用户可以在这里找到所需的应用，开发者也可以在这里发布和推广自己的应用。

应用组装工厂是一个自动化的应用构建和部署平台，它根据用户的需求和系统配置，自动选择并组合应用组件，生成一个完整的应用，从而提高应用构建和部署的效率，降低人工干预的成本，确保应用的正确性和可用性。

应用组件库是可复用的、独立的、可配置的功能模块，可以实现特定的功能或业务场景。应用组件库可以由开发者开发，也可以从第三方组件库获取。应用组件库的作用是提高应用的灵活性和扩展性，降低开发成本和维护成本。

组件开发平台是一个提供给开发者用于创建和维护应用组件的开发工具和环境。它提供了丰富的开发工具、API 和文档，帮助开发者快速创建和部署应用组件，从而降低组件开发的难度和成本，提高开发效率和质量。

应用集市和应用组装工厂依赖于应用组件库，因为应用组件库是实际提供功能和服务的模块。应用集市需要展示和推广应用组件库，应用组装工厂需要选择和组合应用组件库。应用组件库依赖于组件开发平台，因为组件开发平台提供了开发工具和环境，帮助开发者创建和维护应用组件库。组件开发平台可以独立于其他部分存在，但它的价值和作用需要在应用集市、应用组装工厂和应用组件库中得到体现。这四部分各自扮演着不同的角色，相互依存，共同构成了一个系统的应用层，为用户和开发者提供了一个便捷、高效的应用管理和开发平台

2. 通过应用集市增强用户黏性

为达成应用行业化的效果，企业绩效应用集市需要从行业分类、行业解决方案、行业最佳实践、行业专家资源和行业社区互动等方面进行规划和实施，以满足不同行业企业的需求，提升绩效应用的价值和吸引力。

（1）行业解决方案

根据不同行业的特点和需求，绩效应用可以分为零售、制造、能源化工、金融、服务和公共事业等类型。这样可以使得绩效应用更加贴近行业需求，提高应用的针对性和实用性。应用集市针对不同行业的痛点和发展需求提供行业解决方案。例如，针对零售行业，应用集市可以提供一个包含库存管理、销售预测、智能促销等绩效应用组件的解决方案。对于行业应用来讲，设置行业特色绩效指标，可以更好地反映行业特点和需求。例如，在金融行业中，可以设立风险控制、资产回报率等指标；在医疗行业中，可以设立患者满意度、治愈率等指标。为激发企业对行业绩效应用的兴趣和信心，在应用集市内有必要规划行业最佳实践和成功案例等内容，以帮助企业了解如何有效地利用绩效应用来解决行业问题。也可整合行业专家资源构建行业社区，为用户提供专业的咨询服务。例如，可以邀请各个领域的专家，为企业提供绩效应用选型、实施和优化等方面的建议。行业社区互动在增加绩效应用的活跃度和黏性的同时，让企业用户和专家分享经验、交流想法，共同推动行业绩效应用发展。

（2）个性化用户应用场景

为满足场景化需求，企业绩效应用也需面向用户和应用场景来开发。从战略到执行流程是战略层和管理层开展绩效管理的主战场，基于价值链的各类流程是运营层创造绩效的关键场景，财务预算、投资预算和人力预算等场景是职能层关注的重点。这些场景的核心需求可参见第 4 章价值驱动的企业绩效目标管理体系和第 5 章数据驱动的企业绩效决策支撑体系。

以价值驱动的企业绩效目标管理体系为例，其由六个核心部分构成，包括战略解读、长期目标、年度目标、年度计划、年度预算和动态预测。为支撑相应需求，企业绩效赋能平台至少应包括以下模块：战略解读模块，允许用户输入和解析企业的战略；长期目标设定与追踪模块，让用户设定、修改和追踪长期目标；年度目标管理模块，用于设定和追踪每年的具体目标；年度计划与预算模块，支持创建和执行年度计划、预算；动态预测与调整模块，用于根据经济环境、市场状况和企业运营数据，动态预测未来趋势；用户价值评估与扩散模块，集成用户扩散模型，帮助企业评估和提升用户价值；决策支持与分析模块，提供数据挖掘、业务智能和报告工具；绩效评估与反馈模块，定期收集和评估绩效数据，提供反馈和建议，以推动持续改进。

为了更好地为运营层和职能层提供支撑，企业绩效应用场景需要和业务深度融合。例如，供应链绩效应用可以深入供应链规划、库存管理、物料需求计划、生产计划等业务当中。具体来说，在供应链规划方面，绩效应用可以帮助企业进行需求预测、物料计划、生产计划和库存管理等方面的规划；在库存管理方面，绩效应用可用于库存策略制定、库存监控和库存优化等，以降低库存成本；在物料需求计划方面，绩效应用可以根据生产计划和销售预测，制定合理的物料需求计划；生产计划与排程功能可以帮助企业合理安排生产资源，提高生产效率。供应链协同功能支持企业与供应商、客户和合作伙伴建立紧密的协同关系；供应链风险管理功能则帮助企业识别和应对供应链中的潜在风险；供应链报告与分析功能使企业能够实时监控供应链绩效，分析业务趋势和识别潜在问题。

3. 通过应用组装工厂提升系统敏捷性

应用组装工厂、应用组件库和组件开发平台是敏捷地响应行业化和场景化需求的有力支撑。为了提升绩效应用创新速度，应用组装工厂可采用"计划预算模板 + 智能分析与决策工具 + 绩效指标 + 流程 +API 集成 + 低代码开发"的模式。该模式具有快速搭建、高效协同、实时分析、低成本开发等优势。同时，这种模式充分考虑了企业绩效管理的各个环节，有助于企业实现战略目标，优化业务流程，提高运营效率。

（1）计划预算模板

计划预算模板提供了预先定义好的功能和界面，帮助企业快速搭建绩效应用。企业可以根据自身需求选择合适的计划预算模板，并根据实际情况进行定制化调整。智能分析与决策工具利用大数据、人工智能等技术，为企业提供实时的数据分析和决策支持，还可以帮助企业发现潜在的问题和机会，优化业务流程，提高运营效率，从而实现企业的战略目标。企业可根据自身战略目标选择合适的绩效指标，并确保绩效指标的合理性和可操作性。流程是企业绩效应用的核心组成部分，描述了从战略制定到执行监控的各个环节，可以帮助企业实现从战略到执行的无缝衔接，提高运营效率。企业可以根据自身业务特点和需求设计合适的流程，确保流程的顺畅和高效。API 集成允许企业绩效应用与其他系统（如财务系统、人力资源系统等）进行无缝对接，实现数据共享和业务协同。通过 API 集成，企业可以充分利用现有系统的资源，降低开发成本，提高系统间的协同效率。低代码开发平台提供了可视化的开发工具和丰富的组件库，使得开发者能够快速搭建和定制应用，可以帮助企业降低开发成本，提高开发效率，更快地实现应用上线和迭代。

（2）智能分析与决策工具库

智能分析与决策工具库是应用组件库的核心，也是形成智能驱动能力的关键所在。应用组件库内容至少应该包括：数据采集与整合、数据清洗与预处理、数据分析与挖掘、预测模型构建、决策优化、实时监测与预警、报告与可视化、自然语言处理、推荐引擎和联邦学习。数据采集与整合负责从各个数据源收集并整合企业数据，为后续的分析和决策提供基础。数据清洗与预处理对采集到的数据进行清洗、去重和格式转换等预处理步骤，确保后续的分析能够准确且高效地进行。在此基础上，数据分析与挖掘组件将会运用各种数据分析技术和算法，深入挖掘数据背后的规律和洞察。而预测模型构建则基于历史数据和已知因素，构建预测模型，为企业提供未来趋势的预测。决策优化组件利用优化算法，对复杂的决策问题进行优化，找到最优解决方案。实时监测与预警功能对关键指标进行实时监测，一旦关键指标出现异常或超出预设阈值，立即发出预警信号。报告与可视化组件将分析结果以图表、报表等形式展示，方便企业管理层和员工理解和使用。自然语言处理组件专门处理和分析文本数据，如客户评论、市场研究报告等，提取有价值的信息。推荐引擎组件根据用户的历史行为和偏好，为其推荐相关的产品、服务或内容。而联邦学习组件则在保证数据隐私的前提下，实现多方数据共享和模型训练，提升模型的泛化能力和效果。

人工智能开发平台是构建以上组件的支撑。为开发面向企业绩效应用的智能决策应用组件，人工智能开发平台应具备多方面的能力。平台应具备强大的数据处理和分析能力，能够有效地进行数据预处理、清洗和挖掘，从海量数据中提取出对企业绩效管理有价值的情报和信息。平台应提供各种机器学习算法库和工具，帮助企业快速构建和训练各种模型，包括分类模型、回归模型、聚类模型等，以满足企业绩效管理的多样化需求。平台还应具备模型评估和优化功能，对所构建的模型进行全面评估，并提供优化建议，以提高模型的准确性和泛化能力。平台应能自动化管理整个开发流程，包括数据采集、数据处理、模型构建、模型评估和优化等环节，以提高开发效率和准确性。为了让用户可以方便地进行人机交互和模型调整，降低使用门槛和培训成本，平台应具备可视化界面和交互能力。此外，平台应具备灵活的应用集成能力，能够对各种企业内部应用和第三方应用进行集成，实现数据的互通和流程的衔接，提高整体运营效率。平台具备保障数据安全性和可靠性的能力是刚性要求，平台要确保数据安全、系统稳定和业务连续性，以满足企业绩效管理的严格要求。

系统应用层的各项功能需要数据层提供数据来实现，而数据层则需要系统应用层的反馈来调整和优化数据处理过程。要支撑应用智能化，数据层需要具备大规模数据存储和处理、数据预处理和清洗、数据挖掘和分析、机器学习和深度学习、自然语言处理、图像和视频处理、模型训练和部署、数据可视化和交互、数据安全和隐私保护，以及数据集成和共享等能力。这些能力共同构建一个强大的数据基础设施，才能为智能化应用提供坚实的数据底座。

< 案例 >

Netflix 的组件化之旅

Netflix 是全球领先的流媒体服务提供商，其在技术领域的创新和进步一直备受瞩目。其核心应用程序由多个模块组成，每个模块都包含大量的代码和复杂逻辑。为了应对日益增长的用户需求和竞争压力，Netflix 决定采用组件化架构来重构其核心应用。

　　Netflix 的工程师们将应用拆分为多个独立的、可重用的组件，每个组件都有自己的功能和接口。这种架构允许开发人员更轻松地添加新功能、修复问题，并且可以更好地协作。工程师们使用 Java 编程语言和 Spring 框架来搭建这些组件。他们还采用了微服务架构，将应用分解为多个小型、独立的服务，每个服务都有自己独立的数据库和 API。此外，Netflix 还采用了 Amazon Web Services (AWS) 云平台来托管其应用和服务。

　　组件化架构带来的主要效益包括以下方面。

　　①更快的开发周期：由于组件化架构的模块化特性，Netflix 的开发人员可以更快地开发、测试和部署新功能。

　　②更高的可维护性：每个组件都是独立的，这使得修复和升级变得更容易。

　　③更好的团队协作：由于每个组件都有自己的功能和接口，团队之间的协作变得更加高效。

　　④更高的可扩展性：新功能可以很容易地添加到现有组件中，而无须对整个应用进行大规模的重构。

　　⑤更高的可靠性和弹性：由于采用微服务架构和 AWS 云平台，Netflix 的应用具有更高的可靠性和弹性，可以更好地应对高流量和故障情况。

　　然而，组件化架构也带来了如下挑战。

　　①复杂性管理：随着组件的增加，整个系统的复杂性也会增加。Netflix 需要找到一种方法来管理这种复杂性，确保各个组件之间的交互是有序和可靠的。

　　②版本控制：当多个开发团队同时在同一组件上工作时，版本控制变得非常重要。Netflix 需要确保不同版本的组件能够正确地协同工作，避免出现冲突和错误。

　　③性能优化：组件化架构会带来额外的开销，例如网络延迟和额外的网络请求造成的开销。Netflix 需要确保组件之间的通信是高效的，以避免

影响系统的整体性能。

通过采用设计模式和规范、自动化工具、监控和日志记录等措施，Netflix成功地解决了这些挑战。

①设计模式和规范：Netflix采用了一系列的设计模式和规范，以确保各个组件之间的交互是有序和可靠的。例如，Netflix使用了RESTful API来定义组件之间的接口，并使用了负载均衡器来管理组件之间的流量。

②自动化工具：Netflix开发了许多自动化工具来辅助版本控制和性能优化。例如，Netflix使用了Spinnaker来自动化部署和发布新版本的组件，并使用了Chaos Monkey来进行模拟故障和压力测试，以确保系统的弹性和稳定性。

③监控和日志记录：Netflix使用了一系列的监控和日志记录工具来跟踪系统的运行状况和性能。这些工具帮助Netflix及时发现和解决问题，并优化系统的性能。

Netflix的案例表明，组件化架构是一种现代的软件架构，它可以帮助企业在快速变化的商业环境中保持竞争力。通过把应用拆分为多个独立的、可重用的组件，企业可以获得更快的开发周期、更高的可维护性、更好的团队协作和更高的可扩展性等。对于那些希望提高软件开发效率和质量的公司来说，组件化架构是一个值得考虑的选择。

什么才是完美的数据层

要支撑企业绩效应用的行业化、场景化、敏捷化，数据需要具备多样性、实时性、关联性、完整性、智能化、可扩展性和安全性等特性。这样的数据才能够全面反映现实世界中的各种信息，为不同场景的分析提供丰富的数据支持，并能够帮助企业快速、准确地发现数据中的规律、趋势和关联，从而更好地支持业务决策和发展。

1. 智能驱动的企业绩效数据层

为满足以上数据的特性要求，智能驱动的企业绩效数据层如图 7-4 所示，由内外部数据、企业绩效知识体系、企业绩效维度体系和企业绩效应用数据体系四部分构成。这四个部分相互关联，共同支持企业绩效管理。

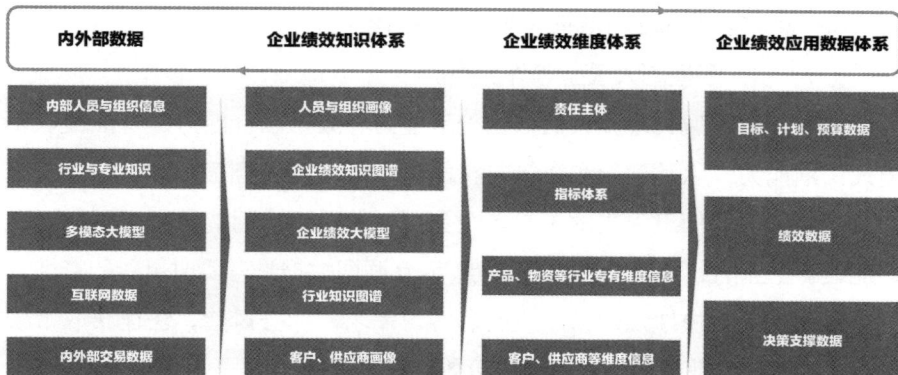

内外部数据	企业绩效知识体系	企业绩效维度体系	企业绩效应用数据体系
内部人员与组织信息	人员与组织画像	责任主体	目标、计划、预算数据
行业与专业知识	企业绩效知识图谱	指标体系	
多模态大模型	企业绩效大模型		绩效数据
互联网数据	行业知识图谱	产品、物资等行业专有维度信息	
内外部交易数据	客户、供应商画像	客户、供应商等维度信息	决策支撑数据

图 7-4　智能驱动的企业绩效数据层

内外部数据是所有后续分析和应用的基础。内外部数据被用于构建企业绩效知识体系和企业绩效维度体系，并直接或间接地影响企业绩效应用数据体系的生成。企业绩效知识体系是基于绩效大模型的知识图谱，它从内外部数据中提取和整理关键信息，形成对企业绩效的深入理解。企业绩效知识体系为企业绩效维度体系提供了基础数据和逻辑结构，同时也影响了企业绩效应用数据体系的分析方向和深度。企业绩效维度体系基于企业绩效知识体系，采用结构化的方式来查看和理解数据。它将企业绩效知识体系中的概念和关系转化为可操作的维度和层次结构，为报表生成和可视化提供了基础。企业绩效应用数据体系基于前三个部分，尤其是企业绩效知识体系和企业绩效维度体系。它使用这些体系中的数据和逻辑来生成各种报表、仪表盘和数据分析，以支持企业运营和决策。这四部分形成了一个完整的数据生命周期，从数据采集到知识构建，再到维度设计和最终应用，每个部分都有其独特的用户和目的，但它们又紧密相连，共同支撑着企业的绩效管理和决策制定。

2. 多模态、多源头数据源体系

为了提供更全面、更丰富的数据支持，更准确地评估企业的绩效，内外部数据涵盖了多模态大模型、互联网数据、行业与专业知识、内部人员与组织信息和内外部交易数据等多种类型的数据。

（1）引入多模态大模型等外部数据

多模态大模型具备强大的数据处理能力、数据融合能力、特征提取和模式识别能力，以及预测和决策支持能力，而这些优势正好可以弥补传统管理系统以内部信息为主的不足。企业可以获取更全面的数据视图，更准确地理解企业的运营状况和市场趋势。而互联网数据具有实时更新的特性，可以帮助企业更快地发现市场机会、客户需求和业务风险，快速获取市场反馈，及时调整业务策略，提高决策效率和准确性。

将行业与专业知识作为数据源也是新一代企业绩效赋能平台数据层的创新之处。基于行业和专业知识，企业能够更准确地设定绩效目标，确保目标与行业标准和最佳实践相一致，使企业战略更好地落地。同时，根据行业和专业的特点，企业可以制定有针对性的评估标准和指标，更好地反映责任主体的实际表现，提高绩效评估的客观性和公正性。

为了实时监测组织变更，快速响应组织结构调整，将内部人员与组织信息作为企业绩效管理系统的数据源也非常有必要。当组织结构发生变化时，企业绩效管理系统可以根据内部人员与组织信息自动调整责任分配，确保各个部门和员工能够快速适应新的职责要求，提高工作效率。

（2）用湖仓一体模式整合数据

要将多模态大模型、互联网数据、行业与专业知识、内部人员与组织信息和内外部交易数据整合到企业绩效管理系统中会面临很多挑战。由于涉及的数据来源和类型各不相同，从结构化数据到非结构化数据，再到时序数据和空间数据等，这给数据的获取和存储带来了不小的难度。互联网数据的数量是巨大的，而行业与专业知识、内部人员与组织信息和内外部交易数据也往往包含大量的信息。多模态大模型、互联网数据、行业与专业知识、内部人员与组织信息和内外部交易数据中可能存在噪声、缺失值和不一致性问题，需要进行复杂的数据清洗、校验和修复工作，以确保数据的准确性和可用性。所以，如何确保数据的质量也是一大挑战。另外，在数据的获取、存储和整合过程中，安全性和隐私保护问题也不容忽视。尤其是涉及敏感信息的内部人员与组织信息、内外部交易数据等，需要特别注意加密和权限控制等，防止数据泄露和保护用户隐私。

针对这些数据获取、存储和整合方面的问题，数据层可采用湖仓一体模式。湖仓一体（Lakehouse）是一种数据管理模式，旨在整合数据湖（Data Lake）和数据仓库（Data Warehouse）的优势，实现数据的存储、处理和分析。传统的数据湖是一个可扩展的存储库，可以存储各种类型的原始数据，包括结构化、半结构化和非结构化数据。数据湖的优势在于具有灵活性和扩展性，可以轻松地添加新的数据源和类型。然而，其查询和分析功能相对较弱，特别是在处理复杂查询任务和大规模数据时。而数据仓库的优势在于它的高性能、可扩展性和查询优化，可以支持复杂的联机分析处理（Online Analytical Processing，OLAP）操作，但通常缺乏灵活性，难以适应不断变化的数据需求。湖仓一体模式将这两种数据管理方式相结合，可以起到整合多种数据类型，提高数据处理效率，统一实时数据与历史数据，强化数据质量和安全性的效果。

通过不同的数据采集方法，湖仓一体模式可对多种数据类型进行有效整合。例如，通过模型输出和日志文件等途径，使用 Flume、Logstash 等数据采集工具可将多模态大模型的数据采集到数据湖中。使用 Nutch 等开源爬虫框架可进行互联网数据采集，并使用 Apache Kafka 等流处理平台进行数据的实时处理和整合。对于行业与专业知识，可用行业数据库软件和知识图谱构建工具进行数据的抽取和整合。对于内外部交易数据和内部人员与组织信息，可以考虑使用 ETL 工具从企业内部的 ERP、CRM 等系统中并整合到湖仓平台中。

在统一实时数据与历史数据方面，湖仓一体模式提供了一个既能存储原始数据又能支持高级分析的平台，允许用户将实时数据和历史数据存储在同一位置，从而简化了数据架构和管理。同时，湖仓一体模式还引入了数据湖的灵活性和数据仓库的查询性能，使得用户可以更方便地进行实时分析和历史数据分析，许多情况下可以统一实时数据和历史数据。当然在某些极端情况下，如需要处理超大规模数据或进行极端的低延迟实时分析，仍然需要使用专门的解决方案。

对于数据湖，虽然它的设计理念是"开放和灵活"，但由于其复杂性和异构性，会导致一些质量和安全隐患，例如数据泄露、数据不一致和数据质量问题等。数据仓库虽然在安全方面更加严格和规范，但其设计理念相对封闭和静态，难以满足快速变化的业务需求。相比之下，湖仓一体模式不仅继承了数据湖和数据仓库的优点，而且在数据质量和安全方面提供了更全面和灵活的解决方案。其一体化的数据存储空间避免了数据分散带来的不一致性和质量问题。内置的数据清洗和预处理功能确保了数据的一致性、准确性和完整性。版本控制和元数据管理功能有助于追踪数据的变化和理解数据的背景信息。自动化的数据质量检查工具能够定期执行数据质量检查，及时发现和纠正数据质量问题。而且湖仓一体模式还具备强大的访问控制、数据加密、审计日志和数据备份等功能，确保数据的安全和可靠性。

3. 企业绩效知识体系

（1）构建企业绩效知识体系

在将各种数据引入企业绩效管理平台之后，如果数据仍旧处于分散状态，数据的关联性和整合性就得不到提升，数据在挖掘潜在规律与趋势、知识表示与传递、驱动业务优化与创新的价值就得不到充分体现。而企业绩效知识体系则可以将这些分散的数据整合在一起，形成一个统一的数据平台。企业绩效知识体系由企业绩效大模型、企业绩效知识图谱、行业知识图谱，以及员工、客户和供应商画像构成。企业绩效大模型是整个知识体系的核心，为其他要素提供了整体框架和目标。企业绩效知识图谱为企业绩效大模型提供具体的知识和最佳实践，帮助企业实施和优化。行业知识图谱提供了业务大背景，帮助企业理解行业环境和趋势，从而调整策略。员工、客户和供应商画像提供了关键洞察，帮助企业更好地理解和满足关键群体的需求。例如，员工画像可能揭示员工对企业绩效管理的满意度较低，从而促使企业采取措施改善绩效管理方法。

企业绩效大模型基于通用大模型通过微调得出，相比通用大模型，深度理解和生成企业绩效是其独特之处，它能够跨领域整合知识，处理和分析大量数据，预测和规划未来绩效，实时监控和反馈，与知识图谱集成，提供个性化和自适应建议，保证决策的可解释性和透明度，以及与其他知识体系要素（如员工、客户和供应商画像等）进行交互和协同。

企业绩效知识图谱主要包括绩效数据、绩效指标、绩效关系、绩效解释和知识图谱结构。绩效数据可以为大模型提供丰富的训练数据，提高大模型的泛化能力和准确性。绩效指标可以帮助大模型快速识别企业的优势和劣势，发现影响企业绩效的关键因素。绩效关系帮助大模型理解企业绩效的内在逻辑和规律，从而为企业制定战略和决策提供依据。绩效解释帮助大模型分析绩效背后的原因、趋势和问题，为制定、改进措施提供支持。知识图谱结构有助于大模型更好地理解和整合各种绩效相关信息，提高决策的准确性和有效性。

行业知识图谱收集并整合了不同行业的财务数据、业务数据、运营数据等信息。企业可以通过行业知识图谱了解所处行业的市场规模、竞争态势、发展趋势等方面的详细信息，从而更好地制定战略和决策。此外，行业知识图谱还可以帮助企业发现影响业务的关键因素，识别行业的发展趋势和竞争优势，以及提供应对行业挑战和机遇的最佳实践。

（2）整合企业绩效知识体系

将企业绩效大模型、企业绩效知识图谱、行业知识图谱、客户画像、员工画像等整合为一个企业绩效知识体系会面临诸多挑战，包括数据整合、数据质量、数据安全与合规、知识表示与建模、系统兼容性、业务需求与场景匹配、知识更新与维护、组织协作与沟通等方面的问题。为应对这些挑战，企业可采取以下措施。

①建立统一的数据标准：为了确保数据的准确、完整和一致性，需要建立统一的数据标准，包括数据格式、编码、命名等。这有助于解决数据整合过程中的格式问题，提高数据质量。

②实施数据质量检查：在整合数据的过程中，需要对数据进行质量检查，识别并解决数据不完整、数据错误、数据重复等问题。这有助于提高数据的可用性和可信度。

③加强数据安全性和合规性：在数据整合过程中，要确保数据的安全性和合规性，采取加密、权限控制等技术手段，防止数据泄露、篡改和滥用。

④采用知识表示和建模方法：为了存储、检索和利用整合后的企业绩效知识，可以采用知识表示和建模方法，如资源描述框架（RDF）、Web本体语言（OWL）等，构建合适的企业绩效知识体系。

⑤优化系统兼容性：在整合不同来源的数据时，需要考虑系统之间的数据迁移和对接问题，通过 API、数据中间件等技术手段，确保企业绩效知识体系的稳定运行。

⑥结合业务需求和场景：为了确保企业绩效知识体系的有效性和实用性，需要结合具体的业务需求和场景进行知识整合。这需要对企业业务进

行深入理解，以提高知识体系与业务需求的匹配度。

⑦建立知识更新和维护机制：为了保持企业绩效知识体系的时效性和准确性，需要建立知识更新和维护机制，定期对知识体系进行更新、审查和优化。

4. 企业绩效维度体系

企业绩效维度体系的主要作用是为企业提供一种结构化的方式来查看、分析和理解数据，以支持决策制定和业务优化。通过确定关键维度和建立层次结构，企业可以快速地进行数据切片、切块和钻取，以发现数据中的趋势、模式和异常，更好地管理和理解大量的数据。

相较于传统的企业绩效管理软件，新一代企业绩效赋能平台的维度体系基于知识体系中的概念和关系而形成。这种模式反映了实际业务场景中的概念和关系，适应了业务的发展和变化，并为企业提供了一致的数据视图，从而提高了数据分析的效率和准确性。但同时这也是一项新的挑战。知识体系中的概念非常复杂，转化过程可能会丢失信息或引起误解。因为每个领域和业务线都有其独特的概念和关系，专业领域的知识需要专业知识和技能才能理解和转化，企业涉及的多个领域和业务线也会增加转化的难度。

在业务层面，采用分阶段实施、迭代优化、用户参与、跨部门协作等方法，可以在一定程度上应对以上挑战。但要想使得这些业务举措发挥作用，在技术层面引入新一代多维数据库也是必不可少的。新一代多维数据库不仅要具备传统 OLAP 数据库的优点，还应满足现代数据处理和分析的需求，提供更强大、灵活、安全和智能的数据分析解决方案。针对存在的数据冗余、数据更新复杂、灵活性受限、难以扩展、数据质量差、维护和管理成本高、难以支持大规模实时数据处理、依赖特定的查询语言等问题，新一代多维数据库应该从以下几方面进行完善。

①数据压缩和索引优化：使用数据压缩技术和合适的索引策略可以减少数据冗余和提高查询效率。

②增量更新策略：采用增量更新策略，只更新发生变化的部分，而不

是全量更新，可以降低更新的复杂性和成本。

③元数据管理和自动化：良好的元数据管理和自动化工具可以帮助管理和优化多维数据库，减少人工干预。

④数据质量控制和校验：建立完善的数据质量控制和校验机制，及时发现和解决数据质量问题。

⑤云计算和分布式架构：利用云计算和分布式架构，可以提高多维数据库的扩展性和灵活性，降低维护和管理成本。

⑥实时数据处理和流处理技术：采用实时数据处理和流处理技术，如Apache Kafka、Flink 等，可以支持实时数据分析和处理。

⑦混合数据架构：将多维数据库与其他数据处理和分析技术（如Hadoop、Spark 等）进行混合和整合，可以充分发挥各自的优势，满足复杂的数据处理和分析需求。

5. 企业绩效应用数据体系

（1）企业绩效应用数据体系的划分

作为数据集市，企业绩效应用数据体系的作用是为特定的主题或业务领域提供快速、高效、易于访问和理解的数据，从而支持业务决策、数据分析和跨部门协作。为了支撑面向用户和面向场景的规划和决策，企业绩效应用数据体系可做如下分类。

①按用户角色分类：战略层数据集市、管理层数据集市、运营层数据集市和职能层数据集市。

②按业务领域分类：财务数据集市、销售和市场数据集市、供应链数据集市、人力资源数据集市等。

③按分析场景分类：战略支撑数据集市、决策支持数据集市、服务业务数据集市、价值创造数据集市、风险管理数据集市等。

④按数据粒度分类：汇总级数据集市、明细级数据集市。

⑤按数据类型分类：结构化数据集市、非结构化数据集市。

⑥按技术架构分类：传统数据集市、大数据数据集市。

⑦按部署方式分类：本地数据集市、云数据集市。

⑧按数据更新频率分类：实时数据集市、批处理数据集市。

（2）基于知识体系和维度体系的数据集市与普通数据集市的区别

由于企业绩效应用基于知识体系和维度体系而建，在组织方式、数据关联性、数据分析方式、数据集成方面有其特殊之处。除了按照数据的主题或业务领域进行组织外，基于知识体系和维度体系的数据集市还按照知识和维度的层次结构进行组织，例如时间、地点、产品、客户等维度。

普通数据集市中的数据通常是相互独立的，没有明显的关联性。基于知识体系和维度体系的数据集市则强调数据之间的关联性。通过将数据按照时间、地点、产品、客户等维度进行组织，用户可以更容易地查看和分析数据之间的关系。例如，用户可以通过选择不同的时间维度和地点维度来比较不同地区的销售情况，或者通过选择不同的产品维度和客户维度来分析某个产品在不同客户群体中的销售情况。

普通数据集市通常是基于事先定义好的查询和报表进行数据分析的；而基于知识体系和维度体系的数据集市则是基于用户的自由探索和分析进行数据分析的，用户可以根据自己的需求选择不同的维度和知识来查看和分析数据。

普通数据集市通常从不同的数据源中抽取数据，然后将其存储到一个单独的数据仓库中；而基于知识体系和维度体系的数据集市则需要将不同来源的数据整合到一起，并将它们映射到相应的知识和维度上，因此数据集成的难度更大。

（3）建立企业绩效应用数据资产目录

为提高数据可访问性、增强数据质量、促进数据复用、提升决策效率、增加数据安全性和降低运营成本，建立企业绩效应用数据资产目录非常必要。但这也是一项复杂的任务，需要克服多个难点。只有深入理解业务需求、合理规划和管理资源、加强团队合作以及持续优化和完善工作流程和方法等措施的实施，才能实现高质量的数据资产目录建设和管理。针对建立企业绩效应用数据资产目录的难点，可以采取以下应对措施。

①制定详细的数据汇聚计划：在开始数据汇聚之前，需要制定详细的

数据汇聚计划，包括数据源的确认、数据格式的统一、数据接口的设计等。同时，需要充分了解数据源的特性和问题，选择合适的数据汇聚技术，以确保数据能够被有效汇聚。

②建立数据梳理治理机制：在数据汇聚后，需要建立数据梳理治理机制，对数据进行分类整理和清洗，确保数据的准确性和完整性。同时，需要制定相应的数据治理规范，明确数据的标准和质量要求，以保证数据的一致性和规范性。

③完善数据标准库建设：在数据资产目录的建立过程中，需要不断完善数据标准库的建设，确保数据的规范性和互操作性。这包括制定统一的数据标准、建立数据字典、规范数据格式等措施，以提高数据的可读性和可操作性。

④建立细粒度的访问控制机制：为了确保数据的准确性和合规性，需要建立细粒度的访问控制机制，对不同用户角色、岗位和部门分配相应的访问权限。同时，需要加强对数据的审计和管理，确保数据的合规性和安全性。

⑤严格遵守相关的法律法规和隐私政策：在构建数据资产目录的过程中，需要严格遵守相关的法律法规和隐私政策，确保个人和企业的数据安全和隐私不受侵犯。同时，需要加强对数据的备份和恢复管理，以防止意外情况的发生。

⑥采用先进的技术手段和管理方法：为了实现高质量的数据资产目录建设和管理，需要采用先进的技术手段和管理方法，例如，采用 RESTful API、数据门户网站等数据共享和服务技术。使用自动化工具和流程引擎，可以实现数据流程和管理流程自动化，提高工作效率和质量。

⑦开展相关培训活动并建立完善的管理制度：由于数据资产目录的建设和维护需要专业的技术和知识，需要开展相关培训活动，以提高员工的数据意识和技能水平。同时，需要建立完善的管理制度，明确各部门和岗位的职责和分工，以确保工作的顺利进行。

8

企业绩效管理数字化
转型规划、实施与运营

➠ 大河钢铁的数字化转型路径

在 2017 年美国钢铁工业年会上，大河钢铁首席执行官大卫·斯蒂克勒说："我们是全球第一家智慧钢厂。我们是一家技术公司，只是我们的产品是钢铁。我们用现代的设备，用很多的传感器贯穿在生产环节中，形成一套完整的系统来监控整个生产流程，能清楚地知道用原料产出的是什么产品，也能够预测到哪里可能会出现问题，哪里需要进行调整。这全部都是系统化的，一切都是为了提高产品质量和生产率。"

确实，在 SMS 自主智能制造等系统的加持下，大河钢铁人均年度产钢量高达 4000 吨到 5000 吨，其生产效率是我国钢企平均水平的 5 倍。既然美国钢铁行业的生产效率这么高，有人可能会认为美国钢铁价格应该比国内便宜不少。但实际情况恰恰相反，以大河钢铁的主要产品热轧卷为例，根据 2023 年 11 月 13 日的报价，美国热轧卷报价 1030 美元 / 吨，约合人民币 7510 元 / 吨。而同期国产热轧卷平均价格仅为 3950 元 / 吨。中美钢企的铁矿石都需要进口，10 吨废钢的价格也仅仅相差 200 美元左右，二者的原料成本差别不大。除了超高的行业集中度为美国钢企带来高溢价能力之外，人工成本是造成中美钢价相差如此大的根本原因。

大河钢铁的数字化转型正是在这种背景下展开的，通过提升效率来降低人工成本成了其数字化转型的出发点，这也是美国钢铁行业面对高企的人工成本做出的自然选择。但国内钢企如果照搬大河钢铁的做法，且不论机器替代人工必然会造成大量的员工下岗，单是自动化设备的投入可能就远远高于人工成本的节省。从经济效益和社会效益两方面衡量，至少在当前阶段，大河式的数字化转型对国内钢企来说不是一个好的选择。

这个例子并不是想说明数字化对国内钢企没有意义，而是期望开展数字化转型的企业能从自身实际出发来设定转型目标和路径。麦肯锡公司的一份报告指出，只有大约 20% 的企业在数字化转型过程中取得了预期的成功。开展与业务目标对齐的技术投资是这些企业获得成功的关键要素之一。企业绩效管理的数字化也是如此。企业如果能根据自身所处的商业环境、商业模式、成本结构和技术能力设定目标和路径，转型就成功了一半。

企业绩效管理数字化转型规划方法

　　数字化转型规划的目的在于：针对企业具体状况，设定明确的数字化转型目标和策略，分析现状与差距，发掘机会与挑战，制定翔实的执行计划和监测评估机制，以确保数字化转型顺利进行并达成预期效果。要想提升企业绩效管理数字化转型成功的概率，事前的转型规划必不可少。为更好地把"二维四象六方"企业价值评价体系、价值驱动的企业绩效目标管理体系、数据驱动的企业绩效决策支撑体系、自我驱动的企业绩效责任体系和智能驱动的企业绩效赋能平台的要求贯彻到数字化转型当中，企业可采用图 8-1 所示的方法论来指导规划。

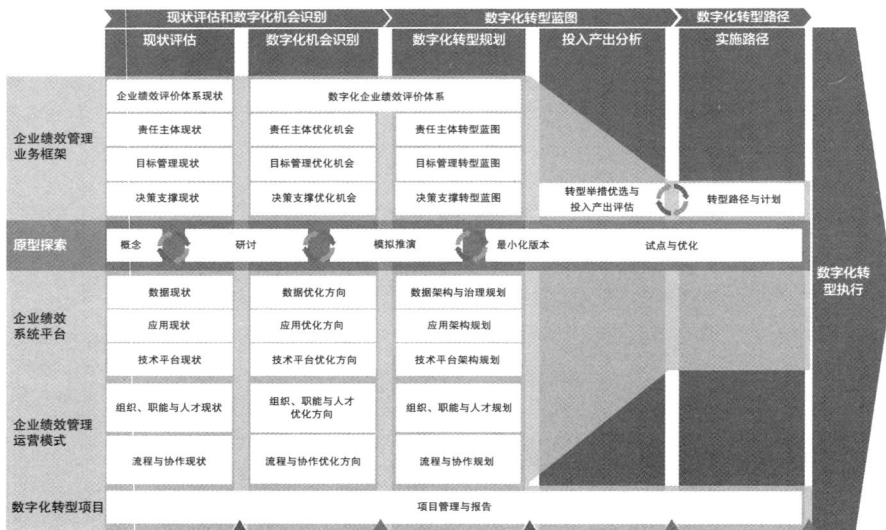

图 8-1　企业绩效管理数字化转型规划方法论

横向上，企业绩效管理数字化转型方法论把转型工作划分为现状评估、数字化机会识别、数字化转型规划、投入产出分析和实施路径五个阶段。

现状评估的主要任务是对当前企业绩效管理数字化水平进行全面评估，包括业务管理现状、系统平台能力和运营模式等方面。现状评估报告是主要产出，其中列出了企业的长处和短板，以及与数字化转型目标之间的差距。

数字化机会识别的主要任务是识别数字化转型带来的潜在改进机会。分析行业背景、企业需求和技术创新等因素，找出与企业数字化转型相关的机会和挑战。主要产出是机会识别报告，其中列出了潜在的机会和挑战以及相应的建议和措施。

数字化转型规划的主要任务是制定数字化转型的总体规划和路线图。基于现状评估和数字化机会识别的结果，制定出数字化转型的战略目标、实施路径和时间表。主要产出是数字化转型蓝图，其中列出了数字化转型的总体规划、实施路径和时间表。

投入产出分析的主要任务是对数字化转型的投入和预期产出进行分析。通过评估各种方案的优缺点，选择最适合企业的数字化转型举措是该阶段工作的第一步。对各项举措的成本和效益进行估算，评估数字化转型的投资回报率是该阶段的主要输出。投入产出分析报告列出了各项举措的成本和效益，以及投资回报率的预测值。

实施路径制定的主要任务是制定数字化转型的具体实施路径和计划。根据数字化转型蓝图和投入产出分析报告，制定出具体的实施计划和时间表，包括人力资源的配备、技术的选型和采购、数据的整合和治理等方面。具体的实施计划和时间表，以及相应的责任分工和资源配置是实施路径报告的主要内容。

纵向上，业务框架、系统平台、运营模式、创新方法和项目管理是规划的主要关注对象。业务框架是数字化转型的服务对象，它定义了企业如何通过数字技术优化和重塑价值评价体系、目标管理体系、决策支撑体系和绩效责任体系，以实现乌卡时代企业绩效管理目标。系统平台是数字化转型的赋能工具，它提供了数字化转型所需数据、功能和平台，技术架构设计、系统集成、数据治理是这部分的重点规划内容。运营模式是数字化转型的落地支撑，它涉及企业的组织结构、人才能力、工作流程等方面，支持企业实现数字化转型的目标和战略。数字化转型需要重新审视和优化运营模式，使其更加适应数字化时代的需求。创新方法是数字化转型的重要驱动力，它提供了数字化转型所需的创新思维和方法。数字化转型需要采用创新方法，用新技术赋能新的业务模式和商业机会。项目管理是数字化转型的执行保障，它保证了数字化转型项目的顺利实施。数字化转型需要采用科学的项目管理方法，保证项目的质量、进度和成本控制。重点规划内容包括项目管理流程设计、项目团队组建、项目风险管理等。

企业绩效管理数字化转型路径

1. 企业绩效管理数字化转型路径的"三个匹配"

GE 和西门子在工业互联网平台方面的成败折射出路径选择对数字化转型成功的重要性。因此，形成适合自身的转型路径是规划的首要目标。转型路径为企业提供了清晰、可行的实施路线。通过明确目标、规划资源、降低风险和提高效率，企业能够更有效地执行其数字化战略。此外，转型路径还能激发创新，协调各方利益相关者，并推动持续改进，以适应市场变化和技术进步。因此，制定并遵循有效的转型路径是数字化转型成功的基石。

对于具体的企业，路径没有对错之分，只有匹配与不匹配之分。第一，转型路径要与企业所处的外部环境匹配，GE Predix 平台的通用化定位和行业需求多样化的错配是其失败的关键。第二，转型路径要与企业的战略匹配。如果企业的战略目标是提高效率和降低成本，那么数字化转型应该侧重于流程优化和自动化；如果企业的战略目标是创新和拓展新市场，那么数字化转型应该侧重于新产品和服务的开发。第三，转型路径要与企业自身能力和资源匹配。如果企业缺乏相应的技术和人才，就无法推动转型。

2. 企业绩效管理数字化转型路径选择

（1）不同的企业绩效管理数字化转型诉求

企业在选择企业绩效管理数字化转型路径时，需要从上文所提的"三个匹配"来考量。路径与外部环境的匹配本质上是转型方向对客户需求的满足程度。对于一个倡导股东价值最大化的企业来讲，股东和管理层应该是企业绩效管理的主要服务对象，加强管控会是企业的核心诉求。如果企业绩效管理数字化转型偏离了这个方向，那么结果可想而知。提升绩效管理效率、强化管控力度、激发员工自驱动力、管理不确定性和增强洞察力是企业开展绩效管理数字化转型的不同战略选择。战略选择不同，数字化转型的发力点也就不同。如果企业仅仅希望提升效率，那么通过信息化手段减少手工录入和汇总等工作可能就够了。如果企业期望更好地管理不确定性，那么就需要从根本上改变目标管理的方法和手段，融合业财数据和引入智能化技术等举措就必不可少。技术和人才是决定数字化能力的两大关键要素。企业如果缺乏相应的储备，转型的步子就需要迈小一些。企业通过小步快跑的模式，在转型过程中逐步提升技术和人才能力。

（2）企业绩效管理数字化转型模式

企业绩效管理数字化转型可选路径如图 8-2 所示。在价值导向上，企业可先从股东价值至上向以客户价值为先转型，进而实现各方价值均衡发展。在绩效管理重点层面，一般是先实现对业绩的管控与考核，才谈得上不确定性管理和洞察与决策。在数字化能力层面，通常是先完成数据化，再实现自动化，最终目标是智能化。

对于以股东价值为先，绩效管理的关注点还停留在绩效考核，数据化也尚未完成的企业，夯实基础是其首要任务。对于已具备一定基础的企业来讲，要想实现企业绩效管理的跨越式发展，以客户价值为导向牵引业务和技术就成为必需。当以客户为先的理念被广泛接受之后，追求均衡价值也会水到渠成。这个时候，价值创造就成了企业绩效管理数字化转型的持续追求。当然，企业也不是一定要按照以上路径进行数字化转型，以股东价值为导向的企业也可以把智能化作为方向，但取得的成效可能会不如以客户价值为导向的企业。

数字化能力

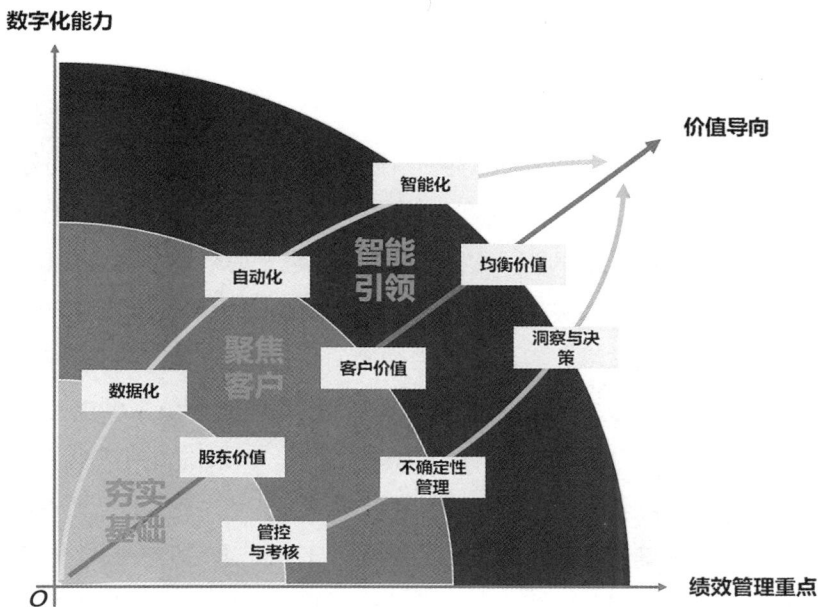

图 8-2　企业绩效管理数字化转型可选路径

（3）全面数据化是夯实基础的重点

对于选择把夯实基础作为企业绩效管理数字化转型起点的企业，实现从战略到执行管理闭环的全面数据化是其转型工作的重中之重。这些企业大多使用 Excel 来支撑绩效管理，管理效率和数据质量连最基本的费用管控都无法有效支撑。由于年度预算的合理性无法保障，也不能根据环境的变化及时进行调整，预算无法成为管控的依据，更谈不上成为业绩考核的基线。为此，夯实基础的工作可从业务、数据和系统三方面入手。在业务上，按照价值驱动的目标管理体系构建从战略到执行的管理闭环；在数据上，从费用管控等重点场景入手对管控科目和成本中心等数据进行梳理和治理；在系统上，让年度财务预算的编制工作和费用调整管控实现线上化。其中，管理闭环的构建是难点。战略做不实，计划和预算难以融合是最容易出现的问题，这些会直接导致预算"编不准""反应慢""控不住"。为能更好地推进转型工作，企业可以先实现费用等事项的管理闭环。待取得成效之后，企业可逐步扩大到收入和投资等事项。

（4）客户价值和智能化之间的化学反应

对于已经基本实现数据化的企业，其通常会把自动化和智能化作为企业绩效管理数字化转型的方向。但在某种程度上，如果价值导向还停留在股东价值最大化的阶段，自动化和智能化带来的收益主要还是效率的提升，根据环境变化主动动态管理不确定性的作用还是无法充分发挥。究其原因，客户价值和股东价值的关系如同商品价值和价格的关系。影响客户价值的主要因素为企业的产品或服务给客户带来的收益，这与客户的偏好和产品或服务的成本密切相关，也是短期难以改变的。股东价值受供求关系和产品价格等短期因素的影响更大，波动也更加频繁。如果过于关注股东价值，绩效管理的关注点就会放在如何提升短期盈利上。但由于价格和供求等因素具有高度的不确定性，在当前的技术条件下，无论用何种数字化手段都很难准确预测这些因素的变化，企业绩效的目标设定过程就会变为"猜谜语"，其对业务的指导作用就可想而知。如果以客户价值为先，绩效管理的关注点在于长期因素，确定性反而更高，利用现有的数字化手段可以准确预测这些因素的变化。当然，从股东价值至上转型到以客户价值为先，前提是股东和管理层必须成为长期主义的践行者。

如果企业的价值导向转变为以客户价值为先，那么智能化的价值就可以充分释放，智能引领也顺其自然成为企业绩效管理数字化转型方向。在导向、业务和数据方面都做好准备的情况下，构建智能驱动的企业绩效赋能平台成了转型的核心举措。平台的架构和能力需要通过顶层设计来进行规划，但具体的应用需要激发用户来进行创新。顶层设计和底层创新在数字化转型中存在着互补性和相互依赖性。顶层设计为企业的数字化转型确定了长期战略目标和路线图，包括定义愿景、规划系统、制定政策、协调各方利益以及评估和优化。同时，底层创新通过技术驱动、敏捷实验、人才培养、数据利用和用户参与推动企业实现持续创新。为了更好地支撑数字化转型，顶层设计和底层创新需要协同工作。首先需要建立双向沟通机制，确保高层领导与一线团队间的信息流通和意见交流顺畅。构建一个灵活的组织结构也是必需的，这样才能够快速响应市场和技术发展趋势。此外，还需要合理配置资金、人力和技术资源以支持创新项目和试点计划，并设立奖励制度，激励员工积极参与创新活动并承担风险。

<案例>

GE Predix 与西门子 MindSphere 的对比分析

GE Predix 和西门子 MindSphere 都是基于工业互联网理念，为企业提供设备连接、数据分析和应用开发的平台。然而，这两款数字化平台的命运却截然不同。

GE Predix 自推出以来就备受争议，被认为是一款失败的产品。2018 年 10 月 1 日，来自美国丹纳赫集团的卡普成为 GE 集团的新首席执行官，将 GE 数字集团的智能平台（Intelligent Platform）分部卖给了美国艾默生。与之相对照，西门子（MindSphere）数字化工业业务在全球拥有 7.8 万名员工，2017 财年营收 140 亿欧元，利润率约 16%。那么，是什么导致了这两款产品的不同命运呢？

从实际出发，明确平台定位。GE 的出发点是借鉴消费互联网的经验，找到共性需求，快速复制，实现资源共享。与 GE 不同，西门子从一开始，就更倾向于在深耕专业领域的基础之上，致力于提供以客户需求为导向的定制化服务，借助 IT 与网络技术为客户打造数字化解决方案，实现纵向延伸。西门子以产品生命周期管理（Product Lifecycle Management，PLM）软件的传统优势，积累了很多研发和生产流程中的数据，构建虚拟设备产品模型，通过验证仿真系统的可行性、评价设备的性能状况、诊断和发现产品的问题，帮企业用户解决实际问题。

西门子的策略之所以奏效，是因为对于工业互联网，行业和企业间存在显著的个体差异，没有放之四海而皆准的通用解决方案，也由此不能简单地扩大用户规模。只有通过深耕垂直行业，不断找到有价值的共性应用场景，并逐步增加新应用场景，形成覆盖各行业和各层次场景的规模，方能建立起模块化的共享池资源，达到加速度的快速复制和叠加增加效益的能力。

从企业用户需求出发。在 2018 年前，GE 相对忽视内部业务和企业用户的需求，认为只要建立了工业互联网平台，就能实现互联互通的数字化。GE 花费数十亿美元力图打造一个满足工业级存储、计算、传输、开发、安全等高要求，所有工业领域通用的工业互联网平台。而西门子不只考虑平台技术架构的完备性、先进性、成熟性，还充分关注企业用户的现场需求，面向装备制造、原材料、消费品、绿色制造、安全生产等重点行业领域，提供有效、易用、易推广的解决方案。

工业领域非标准化问题严重，每一个细分行业领域都有很强的个性，只有立足每一个行业，深入开展垂直化、定制化、平台化创新，才有可能逐步实现制造资源和制造能力软件化、模块化、平台化。在充分认识到以上问题之后，GE 现在把精益数字化、智能仓库、高级排产、数采监控、制造执行系统、机器人焊接作为六大板块，通过先进的数字工业技术，解决企业产品优化、业务运营优化，以及资源优化和业务协作、模式创新等利用传统方法无法解决的关键问题，并通过可持续的商业模式产生价值流动。

GE Predix 和西门子 MindSphere 的案例表明，数字化转型成功的关键在于：从用户的现场需求出发，在所处行业中深入挖掘，寻找具有价值的应用场景，提供有效、易用、易推广的解决方案。

企业绩效管理数字化转型实施

实施是将规划转化为实际行动的关键步骤，它直接关系到数字化转型的成败。相比传统信息化项目，数字化转型的需求、技术和效果都具有高度的不确定性，管理好这些不确定性是实施成功的关键。

企业绩效管理数字化转型实施过程，如图 8-3 所示。企业绩效管理数字化转型项目与一般信息化项目的不同之处在于，数字化转型的实施需要引入用户思维、敏捷开发、精益创业和开放式创新等方法来管理不确定性和激发创新。另外，实施和运营高度一体化也是数字化转型实施的特点。

图 8-3 企业绩效管理数字化转型实施过程

1. 以用户思维引领设计

在设计阶段引入用户思维，可以深入了解用户需求和期望，并通过创新思维提出新的解决方案。这种快速迭代、跨部门协作和持续学习改进的方法有助于提高项目的成功率，并确保项目的长期发展。利用用户思维来进行企业绩效管理数字化转型的详细设计时，要深入理解企业的员工、管理者和其他利益相关者的需求和期望，以便明确需要解决的核心问题。基于问题，团队成员可以集思广益，提出各种可能的解决方案。最后，从众多的想法中选择最具潜力的一个或几个，并快速制作出初步的原型。

引入设计思维可能会面临一些挑战，例如受传统思维惯性的影响、缺乏具备设计思维的专业人才和设计思维方法具有复杂性。为了应对这些挑战，企业可以通过培训和宣传等方式，让员工了解和接受设计思维的思想和理念，建立设计思维文化，鼓励员工尝试新的思考方式和方法。企业还可以通过招聘、培训等方式，吸引和培养具有设计思维的专业人才，为企业的数字化转型提供专业支持。企业采用如头脑风暴、用户画像、故事板等简单实用的设计思维工具，也可以逐步引导员工学习和应用设计思维。

2.用敏捷开发快速试错

敏捷开发是一种快速响应变化、灵活适应市场需求的软件开发方法，它强调团队协作、迭代开发和持续交付。在企业绩效管理数字化转型实施过程中，引入敏捷开发最大的价值在于能够快速响应市场需求，通过短周期的迭代开发，及时推出新产品和服务，满足客户需求。另外，敏捷开发强调团队协作和自组织，能够充分发挥团队成员的优势和能力，提高开发效率和质量，并及时发现和解决问题，减少开发过程中的错误和风险。此外，敏捷开发还鼓励创新和实验，通过不断试错和学习，推动产品和服务的创新，这对数字化转型来说尤为重要。另外，敏捷开发通过迭代开发和持续交付，能够及时反馈客户需求和市场变化，避免开发过程中的浪费和错误，降低开发成本和风险。

开发进度和成本问题、团队协作和沟通问题、质量控制问题、技术债务问题、缺乏文档和记录以及难以适应大型项目等都是敏捷开发会引发的潜在风险。所以，必须引入一些新的策略以应对这些风险，实现敏捷开发的成功应用。如在开始开发前充分了解客户需求，制定详细的规划和计划，并在整个开发过程中保持沟通和协调；采用敏捷开发的估算技术，如计划扑克、燃尽图等，及时跟踪和评估开发进度和成本，以便做出调整；建立良好的团队协作机制，如每日站立会议、回顾会议等，加强团队沟通和协作；采用自动化测试、代码评审等技术，确保产品质量；定期进行技术审查和技术升级，及时清理技术债务；采用轻量级的文档和记录方式，如用户故事、任务卡片等，确保开发过程的可追溯性；采用混合开发模式，将敏捷开发和传统开发模式相结合，根据项目规模和复杂性选择合适的开发模式等。

3. 用精益创业实现零的突破

为了帮助企业更快、更低成本地验证和优化产品和服务，在企业绩效管理数字化转型实施过程中引入精益创业方法也是非常有必要的。精益创业的核心思想是"快速失败，快速学习"，在数字化转型实施试点中，引入精益创业的理念，可以快速验证数字化转型方案的可行性和有效性，及时调整和优化方案。强调最小可行产品（Minimum Viable Product）的概念也是精益创业的价值所在，即开发最小化可行的产品或服务，以满足早期用户的基本需求。这可以节省大量的资源，避免投入大量的资金和人力资源开发无法成功的产品或服务。

开展精益创业需要遵循定义问题和目标、制定最小可行产品、寻找早期用户、扩大市场以及持续学习和改进等步骤。其中，制定最小可行产品最为关键。确定产品的核心功能、简化产品的设计、快速迭代和优化与验证商业模式是制定最小可行产品过程的重点工作。确定产品的核心功能，有助于减少开发成本和时间，同时也有助于验证产品的可行性和市场需求。简化产品的设计，去除不必要的功能和特性，有助于提升产品的易用性和用户体验。快速迭代和优化有助于不断改进产品和服务，满足用户需求，提升用户体验。验证商业模式的可行性和可持续性，有助于确定产品的盈利模式和市场定位，为后续发展奠定基础。

4. 通过开放式创新加速转型

作为一种创新模式，开放式创新强调企业内外部资源的整合和利用，以加速创新过程并提高创新能力。其核心思想是打破传统的封闭式研发模式，通过开放式的合作方式，与合作伙伴共享知识、技术和市场信息，共同进行产品和服务的创新。

通过引入开放式创新，企业可以在绩效管理数字化转型过程中加强与用户的合作，提高用户满意度。在实施推广过程，企业可以邀请用户参与产品或服务的开发过程，听取用户的意见和建议，根据用户的需求和期望来设计和改进产品或服务。这样不仅可以提高产品或服务的质量和效率，还可以增强用户的参与感和归属感。建立用户社区也是提升用户接受度的有效手段，让用户互相交流和分享经验，促进用户的互动和合作。在社区中还可以发布新产品或服务的信息，收集用户的反馈和建议，及时调整和优化产品或服务，以满足用户的需求和期望。

5. 用价值创造连接实施与运营

数字化转型项目具有复杂性、动态性、长期性和技术性等特点，这些特点决定了实施和运营团队必须紧密协作，从而保证项目的连续性和稳定性，提高项目的效率和质量。首先，数字化转型项目涉及多个系统和技术的集成，具有较高的复杂性，需要实施和运营团队密切协作，从而共同解决问题和优化系统。其次，数字化转型项目需要适应市场和业务的变化，具有较高的动态性，需要实施和运营团队及时响应和调整，以保证项目的持续性和稳定性。另外，数字化转型项目往往需要持续的投入和维护，具有较长的生命周期，需要实施和运营团队紧密配合，共同推进项目的持续优化和升级。最后，数字化转型项目往往涉及新技术和工具的应用，具有较高的技术性，需要实施和运营团队具备专业的技术知识和经验，共同解决技术难题和优化系统。

企业绩效管理数字化转型运营

1. 企业绩效管理数字化转型运营模式

在大部分企业里，企业绩效管理一般由类似财务计划与分析（Financial Planning and Analysis，FP&A）的团队主导运营。为了能有效履行其职责，FP&A 通常都会建立一套如图 8-4 所示的机制来支撑运营，该机制通常也被称为企业绩效管理数字化转型运营模式。

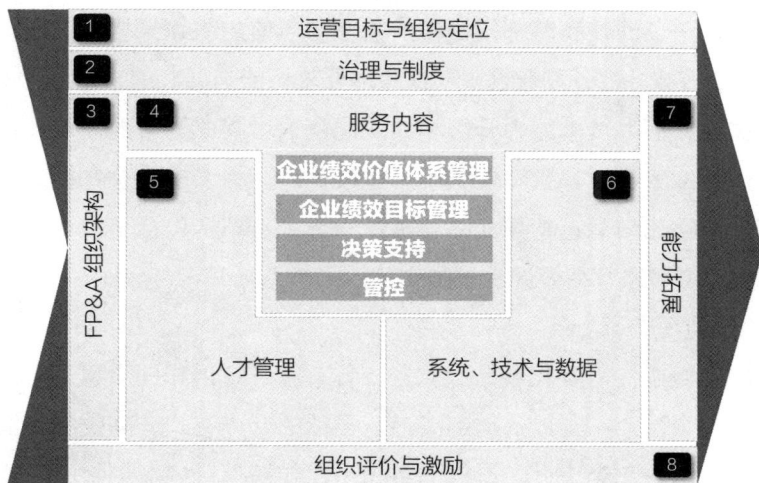

图 8-4　企业绩效管理数字化转型运营模式

该运营模式的构成要素主要包括运营目标与组织定位，治理与制度，FP&A 组织架构，服务内容，人才管理，系统、技术与数据、能力拓展和组织评价与激励。这些构成要素相互依存、相互影响，共同构成了完整的绩效管理体系。运营目标与组织定位是指确定绩效管理的目标和范围；治理与制度是指设定企业绩效管理的决策机制和规章制度；FP&A 组织架构反映 FP&A 组织和岗位的职责和权限；服务内容是指符合企业实际情况的绩效管理服务内容；人才管理为绩效管理提供人才支持；系统、技术与数据为绩效管理提供信息技术和管理工具；能力拓展是指不断优化和完善绩效管理体系，使其适应企业发展和市场变化，推动企业持续发展和创新；组织评价与激励是指建立科学的绩效考核体系和激励机制。

经过数字化转型，企业绩效管理的核心职能会从管控逐步转变为目标预测和决策支撑，服务对象也会从企业的战略层和管理层下沉到运营层。服务内容和对象的变化给原有的企业绩效管理运营模式带来巨大冲击。

2. 企业绩效管理数字化转型运营模式变革

企业在进行绩效管理数字化转型过程中，可能面临以下挑战：在组织架构方面，角色调整和跨部门协作的需求与当前的组织架构不匹配；在工作方式上，敏捷性提升和数据驱动决策的要求可能与原有的工作流程不符；在人员技能方面，技术能力升级和商业洞察力增强成为新的需求；在考核要求方面，KPI 更新和激励机制改革是必要的。为了应对这些挑战，企业绩效管理数字化转型运营模式需要进行一系列变革，包括组织变革、流程变革、人力变革以及绩效评价机制变革。

（1）组织变革

新的组织架构需要能够贴近业务，具有服务意识和创新思维，其应该具备以下几个特点：开放的沟通渠道、灵活的合作方式、高效的决策机制以及对新思想的包容态度。这样的组织不仅能够促进内部创新，还能够有效地利用外部资源，从而在数字化转型过程中取得竞争优势。所以，为适应数字化转型对组织扁平化和网络化的要求，FP&A 的组织可按如下架构设置。

集团 FP&A。负责制定和执行整个集团层面的财务规划和分析策略，确保与企业战略目标保持一致。这有助于从全局视角进行资源配置和决策支持。

业务条线 FP&A。每个业务条线有自己的 FP&A 团队，可以更好地理解各自业务的特点和需求，提供有针对性的财务建议和支持。这样可以提升业务部门的效率和效果，同时提高整体财务管理水平。

FP&A 卓越运营中心。这个中心主要关注流程改进、数据分析方法和工具的应用等，以推动整个 FP&A 部门的持续改进和创新。通过这种方式，企业可以更快地适应市场变化，提高决策质量。

虚拟学习中心。这是一个在线平台，旨在促进知识分享、技能培训和最佳实践交流。这有助于培养员工的技能，提高他们的工作效率，并在整个组织中传播新的思想和方法。

（2）流程变革

管控的目标是确保企业按照既定的规章制度和流程运作，避免出现违规或者不合规的情况，流程驱动可以让管控人员更加清晰地了解每个环节的具体操作步骤和要求，从而能够更好地监督和管理企业的运作。而决策支撑需要基于大量的数据进行分析和判断，数据驱动的方式可以让决策者更加直观地了解到数据背后的规律和趋势，从而能够更加准确地做出决策。为了既能起到强化管控又能起到支持决策的作用，新的 FP&A 组织将会采取流程驱动和数据驱动融合的交付模式。

流程驱动可以保证任务按预定的顺序完成，而数据驱动可以提供更准确、实时的信息，使得流程更加高效。数据驱动的方式可以帮助企业更好地了解资源的使用情况，优化资源分配，提高效率。同时，流程驱动可以规范操作流程，减少错误和重复工作，降低成本。数据驱动的方式可以提供更准确的数据和分析，帮助企业更好地监控和控制质量。

流程驱动和数据驱动融合的模式可以根据具体业务需求进行选择和组合。例如，在预算控制领域，可以采用"数据驱动流程优化"的模式，通过数据分析找出费用审批流程中的瓶颈和优化点，进而对流程进行优化，提高审批效率和准确性。在经营分析领域，可以采用"流程驱动数据采集"的模式，通过流程设计确定销售数据采集的节点和方式，从而保证数据的准确性和完整性，为后续的数据分析和决策提供支持。在风险防控领域，可以采用"数据驱动流程监控"的模式，通过数据分析实时监控风险流程执行情况，及时发现问题并进行调整，提高风险管控效率和质量。在决策支撑领域，可以采用"流程驱动数据应用"的模式，通过流程设计确定决策支撑数据应用的场景和方式，从而实现数据的价值最大化，提升客户满意度和忠诚度。在目标预测领域，可以采用"数据驱动流程创新"的模式，通过数据分析发现新的业务模式和机会，从而推动流程创新和变革，为企业带来更多的增长空间和竞争优势。

（3）人力变革

新的组织定位、新的服务内容和新的交付方式对员工的能力也提出了新的要求。为了适应这一变化，FP&A 团队需要加强数据分析、预测建模、沟通协调、技术应用、业务理解和创新思维等多项能力的建设。具体来说，数据分析能力，是指能够收集、整理、清洗和分析大量的数据，并从中提取有价值的信息；预测建模能力，是指能够基于历史数据和趋势进行预测，并建立预测模型，为企业的战略决策提供支持；沟通协调能力，是指能够与各个部门和利益相关者进行有效的沟通和协调，共同推进企业的战略实施；技术应用能力，是指能够熟练运用各种财务软件和工具，实现数据的自动化处理和分析；业务理解能力，是指能够理解企业的业务模式、市场环境、竞争态势等，从而为企业提供更具针对性的建议和方案；创新思维能力，是指能够不断探索新的思路和方法，为企业带来更多的增长空间和竞争优势。为了加强这些能力，FP&A 团队需要以下人才。

高级分析师：具有深厚的数据分析技能和业务理解能力的专业人士，能够对复杂的财务数据进行深入解读，并为决策提供支持。

预测与规划专家：擅长使用统计模型和机器学习技术进行预测和规划的专家，能够根据市场趋势和内部数据为企业制定战略计划。

业务合作伙伴：熟悉企业各项业务活动并擅长沟通的人员，可以确保财务信息准确传递给各部门，并将业务需求转化为有效的财务策略。

风险管理专家：具有丰富风险管理经验的专家，能够识别潜在风险并提出应对措施，帮助企业在复杂环境中做出明智决策。

技术专家：精通数据分析工具和技术的专家，能够为团队提供技术支持，并推动新技术在财务分析中的应用。

（4）绩效评价机制变革

考虑到洞察未来和科学决策成为 FP&A 团队的主要服务内容，FP&A 团队的绩效评价机制还需要进一步优化，例如强调前瞻性思维、强化决策支持能力、注重风险管理能力、强化战略规划能力、倡导持续学习精神、重视团队合作精神和强调价值创造意识等。具体来说，可以设立前瞻性指标，如预测准确性、趋势分析和风险识别能力；将提供高质量的决策支持纳入绩效评价体系；增加与风险管理相关的指标；设定与战略规划相关的目标；鼓励团队成员参加培训和发展项目，并在绩效评价中给予认可；在绩效评价中加入团队协作的指标；强调为组织创造价值的重要性。通过这些措施，绩效评价机制将更加适应 FP&A 团队的核心职能，激励团队成员提升能力和业绩，同时有助于构建一个更具创新力和适应性的团队。